Praxisbuch Lavia Lebensweg- und Trauermodell

Funktionieren
Begreifen
Akzeptieren
Fühlen
Veränderung
Beziehungsort
LAVIA
Lebensweg- und
Trauermodell
Familientrauerbegleitung
Mechthild Schroeter-Rupieper

Mechthild Schroeter-Rupieper

Praxisbuch Lavia Lebensweg- und Trauermodell

Grundlagen und kreative Ideen für Gruppen und Einzelne

Patmos Verlag

VERLAGSGRUPPE PATMOS

PATMOS
ESCHBACH
GRÜNEWALD
THORBECKE
SCHWABEN
VER SACRUM

Die Verlagsgruppe
mit Sinn für das Leben

MIX
Papier aus verantwortungsvollen Quellen
FSC® C014138
FSC
www.fsc.org

Die Verlagsgruppe Patmos ist sich ihrer Verantwortung gegenüber unserer Umwelt bewusst. Wir folgen dem Prinzip der Nachhaltigkeit und streben den Einklang von wirtschaftlicher Entwicklung, sozialer Sicherheit und Erhaltung unserer natürlichen Lebensgrundlagen an. Näheres zur Nachhaltigkeitsstrategie der Verlagsgruppe Patmos auf unserer Website www.verlagsgruppe-patmos.de/nachhaltig-gut-leben

Verlagsgruppe Patmos in der Schwabenverlag AG, Ostfildern
www.verlagsgruppe-patmos.de

Umschlaggestaltung: Finken & Bumiller, Stuttgart
Umschlagabbildung: M. Schroeter-Rupieper; Nasrin Babashova/unsplash
Lektorat und Fotos im Innenteil: Andrea Langenbacher, www.andrealangenbacher.de
Gestaltung, Satz und Repro: Schwabenverlag AG, Ostfildern
Druck: Finidr s.r.o., Český Těšín
Hergestellt in Tschechien
ISBN 978-3-8436-1510-5

Inhalt

Material, das mit gekennzeichnet ist, kann auf www.familientrauerbegleitung.de unter dem Menüpunkt »Medien« kostenlos heruntergeladen werden.

Vorwort

In Ihren Händen halten Sie das Praxisbuch LAVIA Lebensweg- und Trauermodell, das Ihnen für Verlust- und Trauerzeiten auf einzigartige Weise anschauliches Wissen und kreative Methoden für Kinder, Jugendliche und Erwachsene in Einzelgespräch und Gruppenarbeit vermittelt.

Während ich das Vorwort für dieses Buch schreibe, sitze ich mit meiner Patentochter im Zug Richtung München. Wir gehen dort zum Konzert ihrer Lieblingssängerin und freuen uns sehr auf die gemeinsamen Tage.

Damit dieser Ausflug in meinem ausgefüllten Alltag gelingen kann, habe ich schriftliche Sachen vorgearbeitet, Termine umgelegt und neu geplant, Vertretungen angefragt, den Enkel, die Kinder, die Mutter kurz besucht, den Mann zwischendurch vom Bahnhof von seiner Dienstreise abgeholt und das Schreiben des Vorworts in den Zug verlegt. Manchmal muss man nicht nur krass organisieren, sondern auch genauso funktionieren, um das umzusetzen, was einem wichtig ist.

Das krasse Funktionieren habe ich jetzt normalisiert, ich begreife in meiner jetzigen Situation, wie dankbar ich bin, dass Eva mich mit ihrer Vorfreude ansteckt. Zuvor musste ich aber das Konzert, das sie vorschlug, erst einmal akzeptieren, weil ich normalerweise keine Schlager in meiner Playlist habe. Doch wie will ich meinem Patenkind einen großen Geburtstagswunsch erfüllen, ohne mich für zumindest diesen Abend und die Zeit mit der Bluetooth-Box auf dem Hotelzimmer ihrem Musikgeschmack anzupassen? Ich begreife beim Schreiben auch, dass sie mich mit ihrem Geburtstagswunsch mal eben aus meiner Komfortzone, die das Arbeits- und Privatfeld einschließt, herausholt. Und dann ist es für die kommenden drei Tage nach der Ankunft in München so wichtig, dass nicht mein Mailaccount, meine WhatsApp-Nachrichten und meine Gedanken um die Arbeit herum mein Denken, Tun und Handeln besetzen, sondern der Raum für unsere Patenbeziehung da ist.

Zur gleichen Zeit ist meine Freundin mit ihren Töchtern und der Enkelin nach Bergen in den Niederlanden unterwegs. Sie wollen dort nach der Beerdigung des Ehemanns, Vaters und Opas einen Kurzurlaub machen. Meine Freundin ist erschöpft, das Sorgen und die Ängste vor dem Sterben des Mannes und die anschließende Beerdigung haben sie an eine Belastungsgrenze gebracht. Oft musste sie ihre eigenen Bedürfnisse zurückstecken, nicht zu viel nachdenken und fühlen, einfach funktionieren. Sie begreift derzeit, dass ihre Wohnung leer wirkt, weil der Mann fehlt, dass sie den Status „Witwe“ erhält, dass viele gute Freunde zur Unterstützung da sind, dass die Gartenpflege überfordernd sein kann, dass sie keine Kerze am Grab anzünden kann, wenn sie jetzt wegfährt. Stück für Stück akzeptiert sie einiges, was gerade ist und geschieht. Manches lehnt sie klar ab und anderes nimmt sie erst mal hin, um sich auf Dauer neu damit zu organisieren. „Wie soll ich mich an mein neues Leben ohne meinen Mann anpassen, wenn ich nur zu Hause bleibe und die erste Reise ohne ihn auf die lange (Friedhofs-) Bank schiebe? Weil ich ja eigentlich mit niemandem anderen, nur mit ihm verreisen möchte?“ Und nun arrangiert sie sich mit der derzeit zweitbesten Urlaubsvariante, der Reise mit den Töchtern und der Enkelin. Sie werden lachen, weinen, sehnen, vielleicht auch auf das Schicksal wütend sein und gegen den Wind anschreien. Es ist ein Segen, dass uns Menschen eine Vielfalt von Gefühlen gegeben ist, die wir so nutzen dürfen, wie sie uns hilfreich sind.

Der Ehemann, Vater und Opa wird in diesem Urlaub durch all die Traurigkeit und Erinnerungen sicher einen großen Raum bekommen. Die vier Frauen sorgen aber gleichzeitig für sich selbst und ihr verändertes Weiterleben, indem sie sich nun in dem Kurzurlaub in einer neuen Konstellation (Beziehungspause) erleben und ihre eigene Geschichte neu schreiben.

Warum berichte ich in diesem Vorwort aus meinem Alltag und Umfeld? Weil ich deutlich machen möchte, dass wir auf unserem Lebensweg immer wieder den gleichen Lebensaufgaben in jeweils anderen Formationen und Intensitäten begegnen. In extremen Zeiten, die besondere oder überwältigende Glücks- oder Schmerzmomente mit sich bringen, fühlen wir uns verunsichert und aus der Bahn geworfen. Es braucht in solchen Phasen Geduld, Vertrauen, Handlung und Impulse, um die Geschehnisse in Relation zu anderen Erfahrungen und Bewältigungsmöglichkeiten zu setzen und so neue Zuversicht zu erlangen.

Vom Ursprung her können wir das. Bewältigungsstrategien wie denken, fühlen handeln, weitergehen u.a. sind uns angeboren. Mit dem LAVIA Lebens- und Trauermodell© möchte ich einen Beitrag dazu leisten, dass diese in Krisenzeiten unterstützt und aktiviert werden können.

Gelsenkirchen, im Sommer 2024

Mechthild Schroeter-Rupieper

Einführung in das LAVIA Lebensweg- und Trauermodell©

Das LAVIA Lebensweg- und Trauermodell hat sich seit 1991 durch meine pädagogische Arbeit in Praxis und Wissensvermittlung entwickelt.

Als Elementarpädagogin und Dozentin ist es mir wichtig, komplexe Themen für jede und jeden erlebensnah verständlich zu machen und dies immer wieder dem aktuellen Wissens- und Erfahrungsstand anzupassen.

Menschen jeden Alters, mit und ohne Beeinträchtigung, jeden Geschlechts, jeder Religion oder Nationalität besitzen die Fähigkeit, zu trauern. Trauer unterscheidet nicht nach Weltanschauung oder kulturellem Hintergrund. Es liegt mir am Herzen, dass trauernde Menschen in Krisenzeiten nicht nur die Hilfe unterstützender Personen als wohltuend erfahren, sondern selbst Trauermodelle verstehen und dadurch selbstverantwortlich handeln können.

In der Anwendung meines Modells und der Reflexion der Erfahrungen, die ich damit gemacht habe, stellte ich fest, dass es nicht nur darum geht, die Trauer besser zu verstehen. Es hilft auch, andere bedeutsame Momente wie eine neue Partnerschaft, Kinder, die Betreuung der pflegebedürftigen Eltern, eine Beförderung oder Entlassung u.v.m. auf dem Lebensweg einzuordnen. Deshalb heißt mein Modell „Lebensweg- und Trauermodell“.

Die Mitte: offene Hand und Schmetterling

Das Zentrum des LAVIA Lebensweg- und Trauermodells ist eine Hand, aus der sich ein Schmetterling erhebt. Die Hand verdeutlicht mein Verständnis von Trauerbegleitung und steht sowohl für das Angebot der Begleitung der Trauernden als auch für die Trauernden selbst. Die geöffnete Handfläche kann Vergangenes loslassen, ohne etwas fallen lassen zu müssen. Sie kann halten, tragen, annehmen und ist ein Symbol für eine neue Offenheit dem weiteren Leben gegenüber.

Jeder Schmetterling entwickelt sich aus einer Raupe, die bereits eine ganze Wegstrecke zurücklegt, bevor sie sich verpuppt. Die Raupe verbringt dann eine Weile in ihrem Kokon, der für mich ein gutes Symbol ist für das, was Menschen in schmerzhaften Verlustsituationen durchleben: Dunkelheit und Ungewissheit bestimmen die Gefühlslage. Doch gerade in dieser äußerlich erstarrten Situation gestaltet sich die Raupe neu. Dann drängt sie, verwandelt in einen Schmetterling, unter Anstrengung nach draußen, um sich auf einer neuen Ebene auf das weitere Leben einzulassen. Der Schmetterling symbolisiert den Verwandlungsprozess und die eigene Entfaltung nach einer Verlust- und Lebenskrise. Mit erwachter Lebenslust geht der Weg mit neuem Sinn und neuen Zielen aus der Mitte weiter – in ein weiteres Lebensweg-Labyrinth. Und auch dort werden den Menschen vermutlich wieder Gewinne und Verluste begegnen, mit denen sie sich auseinandersetzen müssen und durch die sie wieder neu verwandelt werden.

Ein Modell in drei Ebenen

Das LAVIA Lebensweg- und Trauermodell besteht aus drei Ebenen: einer Landschaft, einem Labyrinth und sechs Farben, die bedeutsamen Aufgaben auf dem menschlichen Lebensweg mit und ohne Trauer zugeordnet sind.

Die drei Ebenen ermöglichen es, auf vielschichtige Weise eigene Gefühle, Geschichten, Erfahrungen und Hoffnungsbilder einzubringen und zu bedenken. Denn die Ausdrucksformen aller Gefühle sind so vielfältig wie die Menschen selbst.

Die einzelnen Schichten, Ebenen und Aspekte des LAVIA Modells korrespondieren immer miteinander, genauso wie auch wir Menschen immer von unterschiedlichen Ebenen beeinflusst werden.

Ebene I: Die Landschaft und ihre Symbole

Die erste Ebene des LAVIA Lebensweg- und Trauermodells zeigt eine vielfältige Landschaft mit vielen Symbolen: Wüste, Quelle, Geröll, Berge, Felder, Sumpf, Wald, Blumen, Tunnel, See, Boot, Schaukel, Brücke u.v.m. Die Symbole regen dazu an, sich in der aktuellen Lebenssituation zu positionieren und die Landschaft mit der eigenen inneren Seelenlandschaft abzugleichen. Die Landschaft eröffnet den Betrachtenden die Möglichkeit, ihren Standort vor und in der aktuellen Trauer- oder Lebenskrise wahrzunehmen, einzuordnen und in Worte zu fassen.

Thomas beispielsweise erkennt auf der Landschaftsebene seine Lebenssituation vor dem Tod des Partners wieder: „Durch die Krankheit war der Weg schon sehr anstrengend, auch durch meinen Arbeitgeber wurden mir noch zusätzliche Steine in den Weg gelegt.“ Julia ist dankbar für Kraftquellen wie Hobbys oder Kurzurlaube vor dem Tod ihres Mannes. Auch ist sie froh um ihren Freundeskreis, den sie mit der Runde am Lagerfeuer symbolisiert. Merve findet sich im sumpfigen Gelände wieder, weil sie durch die Pubertät ihrer beiden Kinder eine anstrengende Zeit schon vor der Trennung von ihrem Partner erlebt hat. Eine ihrer Töchter sieht sich in der Schutzhütte, weil sie dankbar für die Nähe der Mutter ist, die andere Tochter benennt als Kraftquelle ihre beste Freundin, mit der sie über Probleme reden kann.

Diese Beispiele aus der Familien-Trauerbegleitung machen deutlich, dass selbst sich nahestehende Menschen wie z. B. Familien, Freund:innen oder Gemeinschaften, die die gleiche Verlustsituation erleben, Begebenheiten auf ihrem weiteren Lebensweg unterschiedlich wahrnehmen und empfinden. Die Symbolik in der Landschaft ermöglicht einen Blick aus der Meta-Ebene auf das eigene Lebensgeschehen.

Ebene 2: Das Labyrinth

Die zweite Ebene des LAVIA Lebensweg- und Trauermodells legt sich als Labyrinthweg über die Landschaft. Die Symbole aus der Landschaft scheinen durch und fügen sich in den Labyrinthweg ein. Das Labyrinth kann dazu anregen, über eigene Wegverläufe, ein „auf der Stelle treten“ oder sich „im Kreis drehen“ ins Nachdenken und in ein Gespräch zu kommen.

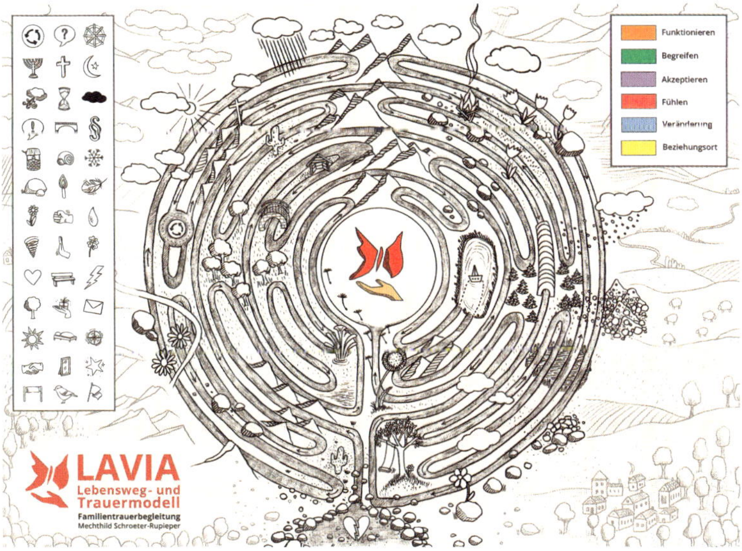

Der Weg durch das Labyrinth wird schon seit Urzeiten als spirituelles Bild für menschliche Lebenswege genutzt. Vom Irrgarten unterscheidet es sich darin, dass man sich darin nicht verlaufen kann.

Schaut man sich das Labyrinth in seiner ursprünglichen Symbolik an, macht es mit seinen Windungen deutlich, dass das Leben selten gradlinig verläuft: Es gibt Strecken vor uneinsichtigen Kurven, es nimmt unerwartete Verläufe, mal erfreuliche, mal unangenehme, man erlebt eine gefühlte oder tatsächliche Nähe oder Entfernung zur Mitte.

Das LAVIA Lebensweg- und Trauermodell möchte nicht ein gesamtes Leben aufzeigen. Es soll mit dem gebrochenen Herzen zu Beginn, dem Schmetterling und der geöffneten Hand in der Mitte des Labyrinths eine Wegetappe veranschaulichen. Diese Wegstrecke hat einen Anfang und auch ein Ende und durch den Trauerprozess findet Wandlung statt. Das Ziel der Trauerarbeit ist, dass das Weiterleben ohne den beeinträchtigenden Schmerz, dafür mit Zuversicht und neuen Lebensperspektiven möglich wird. Dies bezieht sich auf persönliche, alltägliche, soziale und spirituelle Aspekte. Das Gefühl der Trauer und des Bedauerns darf bleiben und immer dort auftauchen, wo es für unser Leben notwendig ist.

Trauer gehört wie Freude, Wut, Angst und vieles mehr zu unseren menschlichen und wertvollen Gefühlen.

Das Labyrinth des LAVIA Lebensweg- und Trauermodells unterscheidet sich von anderen Labyrinthen dadurch, dass es nicht auf einem „Rück-Weg“ verlassen wird. Das Leben geht immer weiter, richtet sich nach vorne – niemand kann auf seinem Lebensweg rückwärtsgehen. Selbst scheinbarer Stillstand und ein „sich im Kreis Drehen“ gehören zu einem weiterführenden Prozess. Manchmal treten Trauernde auf der Stelle – sie kreisen und kreisen und kreisen um einen Gedanken, ein Gefühl oder um eine Situation. Dafür steht z.B. der „Kreisverkehr“ im Labyrinth.

So wie alles, was lebt und ist, mit jeder Sekunde älter wird, geht mit der Zeit auch das Leben voran. Und so unterschiedlich die Labyrinthwege der einzelnen Menschen aussehen mögen, wie verschlungen oder lang sie jeweils sind: allen gemeinsam ist, dass im Prozess des Gehens immer auch Wandel stattfindet, der mehr oder weniger bewusst erlebt wird. Denn wer im Labyrinth unterwegs ist, wird sich immer auf das Ziel zubewegen – ganz gleich, ob die Mitte als nah oder eher weit entfernt empfunden wird. Im Labyrinth entfernen sich die Gehenden zwischenzeitlich auch wieder von der Mitte. Das kann sich wie ein Rückschritt auf dem Trauerweg anfühlen. Aber solche Wegstrecken sind keine Rückschritte, sondern führen eventuell durch etwas Schmerzhaftes oder Anstrengendes hindurch wieder einen Schritt weiter.

Trotz dieser zwischendurch schweren Momente werden ab und zu und schließlich immer öfter wertvolle Zeiten und veränderte Normalitäten gelebt. Menschen beginnen zeitweise zu ahnen, dass Kummer und Schmerz über den Verlust den weiteren Lebensweg nicht dauerhaft bestimmen werden. Sie erlauben sich, neue Pläne zu machen und nach vorn zu schauen. Sie gehen den Weg mit ihrer Trauer weiter, die zeitweise in den Hintergrund tritt. Lebensmut und Dankbarkeit können in diesen Momenten zunehmen. Die Trauer wird jedoch immer dann, wenn es für den Augenblick notwendig ist, in den Vordergrund treten.

Ein Ehepaar, dessen einzige Tochter mit 30 Jahren verstarb, lehnte anfangs Trauerbegleitung ab und fand Trost im Glauben, in der Familie und im Freundeskreis. Zwei Jahre später jedoch spürten sie, dass sich etwas verändert hatte. Nachdem die Schwester der Mutter Oma wurde, betrauerten die verwaisten Eltern den Verlust der einzigen Tochter sehr intensiv und dazu noch den Schmerz um die nicht geborenen Enkelkinder. Sie selbst und ihre Verwandten waren irritiert, weil sie dachten, dass sie auf dem Weg der Verarbeitung schon viel weiter waren. Durch die zurückgelegte Wegstrecke im Lebensweg- und Trauermodell konnten sie erkennen, dass sie trotz des erneuten Schmerzes ihrem Ziel näher waren, als sie es in diesem Moment fühlten.

Als Luis' Papa starb, war er vier Jahre alt. Anfänglich glaubte die Mutter, ihr Sohn sei nicht traurig, weil er keine Trauer zeigte. Zwei Jahre später fragte und weinte Luis ab und zu, wenn er in bestimmten Momenten den Vater bewusst vermisste. „Bald hat er den Verlust überstanden", hoffte die Mutter und glaubte, dass Luis dann nicht mehr traurig sein wird. Doch je älter Luis wurde, desto mehr wurde ihm aufgrund seiner kognitiven Entwicklung bewusst, wo ihm ein Vater fehlte. An den verschlungenen Wegen vom LAVIA Lebensweg- und Trauermodell wurde der Mutter deutlich, dass der Verlust des Vaters für das ganze Leben ihres Sohnes bedeutsam sein wird. Erst, wenn Luis nach und nach die Dimension des Verlustes versteht und dies betrauern darf, wird er gestärkt daraus hervorgehen.

Paul, dessen Kind verstarb, erkennt im Labyrinth, dass er die Zeiten, in denen er gefühlt auf der Stelle trat, benötigte, um auszuruhen, nachzudenken und sich neu zu orientieren. Manchmal fühlte es sich für ihn an, als sei er zurückgefallen, als habe er Fähigkeiten und Sicherheiten verloren. Durch das Labyrinth hat er verstanden, dass auch in diesen Momenten nach und nach eine Wandlung in ihm stattgefunden hat – und er nicht zurück, sondern Schritt für Schritt weitergegangen ist.

Kathrin bespricht mit der Erzieherin im Kindergarten, dass ihre Tochter Carla aufgrund des erneuten Einnässens nicht „zurückgefallen" und wieder wie ein Baby ist, sondern dass dieses Verhalten ein vorübergehendes Symptom aufgrund der Geburt des kleinen Bruders ist. Kathrin ist durch den Labyrinthweg deutlich geworden, dass ihre Tochter in der neuen Lebenssituation, in der sie ein Geschwisterchen „gewinnt", auch Zuwendung „verliert" und dadurch ein Auf und Ab der Gefühle erlebt. Anhand des LAVIA Lebenswegs- und Trauermodells erkennt sie den Verlauf einer Krisensituation, die für die Anpassung an das veränderte Leben notwendig erscheint. Das Leben verläuft nicht sanft auf einer Ebene, sondern bringt Höhen und Tiefen mit sich, auf die kleine und große Menschen vorübergehend unterschiedlich psychosomatisch reagieren können. Dort gesehen zu werden, ist für den weiteren Werdegang hilfreich.

Die Symbole

Das gebrochene Herz

Das gebrochene Herz am Eingang zum Labyrinth symbolisiert den erlittenen Verlust – egal welcher Art er ist. Es steht auch für die verschiedensten Verletzungen und Brüche, Enttäuschungen und zerbrochenen Ideen, die den Lebensweg begleiten. Menschen, die einen für sie schlimmen Verlust erleiden, erleben eine meist ungewollte und drastische Veränderung ihres Lebensweges. Viele sagen: „Die Welt ist für uns stehen geblieben und für andere geht sie unverändert weiter." Sie beginnen eine neue Zeitrechnung und sprechen von dem *Davor* und *Danach* des Verlustes.

Jemand oder etwas Geliebtes ist für sie verloren gegangen und kommt nicht wieder. Oft fühlt es sich so an, als würde das Herz brechen. Und die Furcht, dass es nicht mehr heilen kann, ist groß. Wenn aber die Trauer, die Freude und alle weiteren lebenswerten Facetten des Lebens zugelassen werden und man sich die Zeit gibt, die es braucht, kann das Herz wieder zusammenwachsen. Es wird anders als zuvor sein, aber vergleichbar mit einer körperlichen Verletzung wird in der Regel keine offene, entzündliche und schmerzhafte Wunde zurückbleiben. Was bleibt, ist eine Narbe, im Laufe eines Lebens wahrscheinlich mehrere Narben. Sie erinnern an durchlebte und gemeisterte Erfahrungen und machen Menschen berührbar.

Weitere Symbole

Die weiteren Symbole, die neben dem LA-VIA Lebensweg- und Trauermodell abgebildet sind, können je nach Lebenssituation gedanklich in den Labyrinthweg eingegliedert werden. Sie regen an, ins Nachdenken zu kommen oder sich auszutauschen: Welches Symbol drückt meine vergangene oder aktuelle Gefühlslage oder Lebenssituation auf dem bereits gegangenen oder auf dem aktuellen Weg aus? Welches Zeichen verbildlicht eine Sorge oder einen Wunsch für die Zukunft?

Es kann anhand der einzelnen Symbole überlegt werden, wofür sie stehen könnten und ob das Symbol zum eigenen Weg passt. Kann z. B. eine Zielfahne für die Bedeutung „Teilziel erreicht“ aufgestellt werden? Steht sie ganz zu Anfang oder nach einer langen anstrengenden Hürde oder öfter? Passt vielleicht das Paragrafenzeichen als Symbol für mögliche Schuldfragen oder Schuldzuweisungen? Könnten die Kerzen einen Gedenktag markieren? Was können die Hände über Beziehungsaufbau, -abbrüche oder weitere Veränderungen aussagen? Spielen Religion und Spiritualität eine Rolle und kommt man über eine passende Symbolik ins Gespräch? Stimmen denn die Bilder aus der Landschaft zum eigenen Weg oder müssten z. B. der Kreisverkehr, Steine, Blumen oder ein Berg an andere Orte versetzt werden?

Der Labyrinthweg und die Symbole können Brücken sein, um sich über Lebenswege trotz aller Verschiedenheit austauschen zu können, da sie geteilte Erfahrungen anbieten: Kaum ein Lebensweg verläuft gradlinig. Fast überall begegnen Menschen Höhen und Tiefen, Licht und Schatten. Legt man die beiden ersten Ebenen von Landschaft und Labyrinthweg übereinander, wird deutlich: Jede Wegstrecke kann Besonderheiten mit sich bringen. Manche davon erahnen wir, andere überraschen uns.

Einige Menschen begleiten uns etappenweise, sie sind dann Wegstreckengefährt:innen. Andere sind langfristig an unserer Seite, immer in Sicht- und/oder Rufweite. Wieder andere kreuzen unseren Weg, verabschieden sich, laut, leise oder verschwinden scheinbar ins Nichts.

Es ist hilfreich, hin und wieder innezuhalten, sich selbst und die Umgebung in den Blick zu nehmen und sich darauf zu besinnen, welche Strecken, Hürden und Höhenmeter schon gemeistert wurden. Es tut gut, wenn Weggefährt:innen Pausen und Stärkungen anbieten und daran erinnern, dass man sich Stück für Stück auf das Ziel zubewegt, solange man nicht an einer Stelle verharrt. Die Trauer über den Verlust von etwas Liebenswertem darf uns lebenslang begleiten. Sie muss nicht verschwinden, hat sie doch etwas mit Liebe und der eigenen Geschichte zu tun. Aber sie darf sich, wie andere Gefühle auch, verändern und sollte auf Dauer nicht anderen Gefühlen den Raum nehmen, der auch ihnen gebührt – so wie andere Gefühle auch der Trauer Platz machen dürfen, wenn es *Not wendend* ist.

Auf die Frage, welches Symbol gerade zu ihr passe, betrachtete die 25-jährige Paula die Symbole im LAVIA Lebensweg- und Trauermodell und wählte das Bett aus. Seit dem Tod des Bruders hat sie Einschlaf- und Durchschlafprobleme. „Anfangs zog ich mich in mein Schneckenhaus zurück und habe deshalb das entsprechende Symbol gewählt", sagte Karl. Dann fuhr er fort: „Aber jetzt würde ich den Kompass auswählen, weil ich mir neue Ziele suche und mich nach der Scheidung auch in der Arbeit noch einmal neu orientieren möchte."

„Ich bin heute mit dem Blitz hier", sagte der 10-jährige Kaan. „Der Papa meckert mit mir immer so viel rum. Mama war viel lieber!"

Ebene 3: Die Farben

Die dritte Ebene legt sechs Farben über die Landschaft und den Labyrinthweg mit seinen Symbolen. Jede Farbe hat eine Bedeutung, in ihrer Vielfalt stehen sie für die unterschiedlichen Teilaspekte, Situationen und Aufgaben im LAVIA Lebensweg- und Trauermodell. Das Labyrinth mit seinen Symbolen und Farben verdeutlicht, dass es darum geht, sich in Begreifen in der Akzeptanz zu üben, sich auf Veränderungen und Beziehungen einzulassen sowie vielfältige und auch entgegengesetzte Gefühle wie Freude und Traurigkeit zu empfinden, sobald und solange sie benötigt werden. Dies wird in vielen verlust- oder gewinnbringenden Lebenssituationen erlebt. Spiritualität kann in allen Aufgabenfeldern eine klare, eine wechselhafte oder auch keine Rolle spielen. Dies ist jeweils von den einzelnen Personen, ihrem Umfeld und Begegnungen abhängig.

Der Weg des Labyrinths durchkreuzt die Farbabschnitte immer wieder. Dies verdeutlicht, dass Trauer und andere Gefühle nicht in Phasen abgearbeitet werden, sondern in individuellen Prozessen durchlebt werden.

Die Aufgaben in der Trauer, für die die Farben stehen, sind im Leben nicht statisch, sondern können sich in ihrer Reihenfolge und ihrem Anteil verändern, ineinanderfließen oder auch überlappen. Das und noch viel mehr ist gemeint, wenn wir von *gemischten* oder *widersprüchlichen* Gefühlen sprechen! Die Farben sind ein sichtbarer Ausdruck dafür, dass Trauerwege nicht in starren Phasen stattfinden, sondern fließende Übergänge sich abwechseln mit abrupten Veränderungen der Lebenssituation, der Gedanken, Gefühle und Traueraufgaben und sich auch wiederholen können. Trauer ist ein Prozess, der nicht einer vorgegebenen, linearen Reihenfolge bestimmter Phasen folgt.

Orange: weiterleben und funktionieren

Orange steht für das krasse Nicht- oder Extremfunktionieren in Verlustzeiten: essen, trinken, atmen, schlafen, aufstehen, arbeiten, organisieren, Menschen treffen usw. Es kommt im LAVIA Lebensweg- und Trauermodell nur einmal vor und ist bewusst wie ein Signal zu Beginn der Krisenzeit positioniert. Denn wenn eine gewohnte Ordnung auf den Kopf gestellt wird, setzt anfangs häufig das Funktionieren ein, als sei nichts Lebensbeeinflussendes geschehen.

Funktionieren ist für viele Menschen eine automatische Überlebensstrategie: Gefühle werden minimiert, um handlungsfähig zu bleiben. Manche Menschen *machen*, solange sie noch nicht realisiert haben, welche Bedeutung diese Krise für ihr Leben hat, *einfach weiter,* ohne das bewusst zu wählen. Im Nachhinein fragen sie sich, wie sie es geschafft haben, in dieser Ausnahmesituation zu funktionieren. Es ist jedoch kein Funktionieren im Sinne einer dauerhaften bewussten Anpassung an Veränderungen und einer

Gewöhnung an Umstände, sondern eher eine mechanische Reaktion, die eine alte, aber nicht mehr vorhandene Ordnung wiederherstellen will.

Andere wiederum begreifen direkt oder ahnen zumindest, dass eine Katastrophe bzw. ein Umbruch eingetreten ist, und funktionieren aus einem Verantwortungsgefühl heraus, um das eigene und das Leben der Anvertrauten abzusichern. Wenn schon das Leben scheinbar zusammenbricht, gibt das Funktionieren vielleicht Halt und Sinn oder sorgt zumindest dafür, dass das Weiterleben vorerst reibungslos weitergeht und das getan wird, was getan werden muss.

Auch durch einen Schock oder Angst vor Veränderung reagieren viele Menschen in Krisen vorerst eher funktional als emotional. Sätze wie: „Das Leben geht weiter!“, „Es bleibt mir ja nichts anderes übrig!“, „Jammern hilft uns auch nicht weiter!“ oder „Augen zu und durch!“ können Aussagen sein, die deutlich machen, dass Automatismen einsetzen, die ein Weiterleben absichern.

„Die Kinder oder Jugendlichen benötigen keine Hilfe, die sind ganz unauffällig“, hört man häufig nach einem Verlust wie Trennung oder Tod und es wird lobend erwähnt, wie tapfer Situationen bewältigt werden. Doch genau diese scheinbare Unauffälligkeit innerhalb einer bedeutsamen Krise kann eine (un-)sichtbare Reaktion auf das Unverständnis und das Funktionieren sein. In unserer Gesellschaft ist es für viele ein hohes Gut, im Alltag jederzeit zu funktionieren und sich Schwierigkeiten nicht anmerken zu lassen. Oft wird jedoch übersehen, dass dies im Übermaß schaden kann, weil es sowohl lebendige Gefühle als auch Verarbeitungs- und Entwicklungsprozesse und damit auch Neuanfänge verhindert.

Funktionieren kann aber auch ganz anders erlebt werden. Es gibt Menschen, die nach einer schweren Zeit erst einmal aufatmen und sich nach der Belastung durch Streitigkeiten, Krankheit und/oder großer Sorge eine Verschnaufpause gönnen. Sie müssen nun nicht mehr in der alten Rolle funktionieren und können sich Auszeiten nehmen, um Luft zu holen, Kraft zu tanken und Alltag zu schaffen. Sie tun dies bewusst und stellen sich auch nicht im Nachhinein die Frage, wie sie das geschafft haben.

Eine Empfindung wie „Ich bin gar nicht so traurig, wie ich es erwartet habe“ kann bei Trauernden und beim sozialen Umfeld

Schuldgedanken hervorrufen oder auf Unverständnis stoßen. Dann benötigen alle eine nachvollziehbare Erklärung, um sich orientieren zu können. Ein solches Empfinden kann verschieden Ursachen haben: eine automatische Überlebensstrategie, bewusstes Verdrängen von unangenehmen Gefühlen, bei Kindern und unselbstständigen Personen Anpassung, Erholung von einer Extremsituation, Medikamenteneinnahme, Schock oder die Unbegreiflichkeit der Situation und Dimension.

Kinder passen sich oft an und „laufen einfach mit". Sie müssen häufig funktionieren, weil sie noch nicht selbstständig entscheiden und leben können. Teenager rebellieren vielleicht und suchen sich ihre Schlupflöcher, um aus der Trauersituation auszubrechen. Auch das ist eine Form des Funktionierens: Sie möchten ihr normales Leben als Jugendliche weiterleben – mit Partys, Musik und allem, was dazugehört – und die plötzliche Hürde ignorieren. Viele Jugendliche haben im bisherigen Leben den Umgang mit Krisen und Trauerreaktionen noch nicht erlernt und haben deshalb keine Handlungsidee, um darauf zu reagieren. Dann kann es sein, dass bei ihnen erst später die Situation eintritt, dass ihnen schulisch, psychisch oder sozial weniger oder nichts mehr „wie gewohnt" gelingt und sie dann erst den Prozess des Trauerns bewusst beginnen. Bis dahin machen diese Jugendlichen einfach weiter wie bisher. Dafür müssen sie jedoch das Geschehene verdrängen. Sie steigen somit nur extrem verlangsamt in die Krisenbewältigung bzw. den Trauerprozess ein.

Manche Jugendliche und Erwachsene entwickeln in dieser Zeit einen Ordnungs- oder Putzfimmel, wieder andere schlafen viel, fühlen sich ruhelos oder feiern, tanzen, berauschen sich, füllen die Leere durch übermäßige materielle oder sexuelle Befriedigung. Auch Extremsport, Extremarbeit, Extremlernen für Schule oder Uni, Lethargie, Selbstverletzung, übermäßiger PC-Konsum oder Kaufzwang, andauernde Albernheit oder Sorgearbeit im Familiensystem, die über einen längeren Zeitraum dem Alter oder der Lebenssituation nicht angemessen ist, können Verdrängungsmechanismen und Ausdrucksformen des Funktionierens sein.

Kompliziert bis gefährlich wird es dann, wenn das Funktionieren auf Dauer unreflektiert bleibt und/oder übermäßig lang anhält und vom Trauerprozess abhält. Doch wie bei Kindern und Jugendlichen kann auch bei Erwachsenen dieser Prozess zu einem späteren Zeitpunkt mit wachsenden Möglichkeiten und Ressourcen angestoßen werden.

Mit der Zeit, über Wochen, Monate oder Jahre gesehen, wird sich daher bei den meisten Menschen das anfänglich vielleicht drastische (Nicht-)Funktionieren in und nach einer Krise den weiteren Lebensgegebenheiten anpassen und „normalisieren". Sicherlich wird es immer wieder Situationen wie schon vor dem Verlust geben, in denen Menschen in Stresssituationen mehr oder weniger funktionieren. Die Farbe Orange, die im Lebensweg- und Trauermodell nur einmal vorkommt, weist auf das Funktionieren in Extremsituationen hin, das sich von früheren und späteren systematischen Planungen unterscheidet.

Nadine, eine junge Witwe, bittet um Trauerbegleitung für ihre beiden Kinder im Grundschulalter. Sie selbst lehnt Unterstützung ab. Die Energie, die Trauerverarbeitung benötigt, steckt sie unbewusst in andere Aufgaben wie das Ordnen der Papiere, ihre Arbeitsplatzveränderung und die Sorge um die Kinder. „Ich musste funktionieren, um überhaupt den Alltag bewältigen zu können", sagt sie. „Hätte ich der Traurigkeit einen Raum gegeben, hätte ich alles andere, was zuerst getan werden musste, nicht mehr geschafft", weiß sie im Nachhinein. Erst drei Jahre später, als ihre Kinder mit dem Verlust des Vaters sicherer umgehen, suchte sie bewusst nach Hilfe für sich in der Trauer.

Der 15-jährige Simon, ein bisher mittelmäßiger Schüler, verbessert alle seine Schulnoten, weil er jeden Tag intensiv lernt. Er möchte seiner Mutter nach dem Tod ihres Vaters und seinem Vaterersatz keine Sorgen bereiten, sich selbst vom Verlust ablenken und gleichzeitig dem Opa im Himmel einen Grund geben, auf ihn als Enkel stolz zu sein. Die Mutter, die ihre Gefühle ebenfalls unterdrückt, um den Sohn nicht zu belasten, wundert sich, dass Simon scheinbar nicht trauert. Erst im Gespräch wird beiden bewusst, dass sie sich gegenseitig schützen wollten und deshalb ähnlich wie bisher weiterleben, funktionieren, als habe der Tod vom Vater und Opa keinen Einfluss auf ihr Leben.

Grün: begreifen

Grün steht für das Begreifen des Verlustes. Sinnlich wie sachlich wird meist nach und nach begriffen, was diese Krise bedeutet und welche Auswirkung sie auf das Leben und die eigene Persönlichkeit hat. Begreifen kann erleichternd sein, wenn mit dem Tod eine Zeit der Sorge und Belastung endet. Oft ist es in Verlustzeiten jedoch schmerzhaft. Wenn Trauernde beispielsweise zum Telefon greifen und ihnen währenddessen bewusst wird, dass am anderen Ende der Leitung niemand den Hörer abnimmt.

Menschen können nur so viel betrauern, wie ihnen aufgrund ihres kognitiven Entwicklungsstands möglich ist. Liegt eine geistige oder emotionale Beeinträchtigung vor, kann das Begreifen verzögert, minimiert oder zumindest erschwert sein. Kinder verstehen aufgrund der entwicklungspsychologischen Hirnreifung nach dem Verlust eines Elternteils erst nach und nach, dass ihnen nicht nur die Mutter oder der Vater als Person, sondern auch die Qualität der Mütterlichkeit oder Väterlichkeit *für immer* verloren gegangen ist. Bis in die Pubertät hinein werden sie *Stück für Stück* aufgrund ihres immer größeren Verständnisses für die Zusammenhänge weitere Trauerprozesse erleben.

Die Labyrinthwege im LAVIA Lebensweg- und Trauermodell laufen immer wieder durch die einzelnen Aufgabenfelder. Sie veranschaulichen damit, dass ständig wieder neues Begreifen stattfinden kann.

Karin, eine 50-jährige Frau, betrauert zehn Jahre nach dem Tod ihres Mannes, dass sie nicht wie ihre Freundinnen eine Silberhochzeit erlebt. Dieser Gedenktag macht ihr sein Fehlen auf neue Weise bewusst.

Melanie und Bernd begreifen erst Jahre später, als ihre Freund:innen Oma und Opa werden, was ihnen durch die ungewollte Kinderlosigkeit versagt bleibt. Sie betrauern in diesem

Moment den Verlust der Enkelkinder, die es nicht gab und niemals geben wird.

Tobias begreift beim Schulabschluss seines Sohnes, dass trotz großer anfänglicher Zweifel, ob er nach dem Tod seiner Frau als alleinerziehender Vater im Alltag bestehen kann, der Lebensweg wieder gut verläuft.

Die Labyrinthwege im LAVIA Lebensweg- und Trauermodell veranschaulichen, dass immer wieder neues Begreifen stattfinden und an jeder Wegbiegung ein neuer Prozess ausgelöst werden kann. Niemand soll Trauernden mit den Worten „Du musst es doch langsam mal begriffen haben!" einen vorübergehend auftretenden Verlustschmerz wegen Verjährung absprechen. Trauer tritt dann in den Vordergrund, wenn sie benötigt wird – und in den Hintergrund, wenn man sich mit der Situation wieder bestmöglich arrangiert hat. Zudem kann auch ein Begreifen von positiven Erfahrungen in der Trauerzeit stattfinden. Alles ist möglich – von Nicht-Begreifen bis dahin, dass man alles als verständlich erlebt.

Violett: Akzeptanz

Violett steht für all das, was im Laufe der Monate und Jahre nach dem Verlust akzeptiert werden muss, damit ein gutes Weiterleben in Fluss kommen kann. Dazu gehört u. a. das *für immer und ewig*, die unterschiedlichen Trauerreaktionen des Umfeldes, notwendige finanzielle Veränderungen, eine neue Sprache, vielleicht eine neue Partnerschaft oder der Gedanke: „Es ist wie es ist – und ich konnte dieses Geschehen weder im Vor- noch im Nachhinein beeinflussen."

Für viele spielt die Frage nach dem *Warum* eine große Rolle. Sie suchen nach sachlichen, logischen und sinnvollen Zusammenhängen und akzeptablen Antworten auf diese Sinnfrage. Andere wiederum erkennen die Trennung, den Tod oder den Abschied an und akzeptieren die Tatsachen. Mit dem Verlust nicht zu hadern, bedeutet jedoch nicht, dass keine Traurigkeit vorhanden ist. Einige Trauernde verweigern anfangs, ein anstehendes Sterben, eine Trennung oder den Tod zu aktzeptieren. Sie funktionieren einigermaßen, haben die Bedeutung des Verlustes in mehreren Dimensionen begriffen, geben Gefühlen einen Raum und dem Verlust einen Ort. Und ihr Leben kommt dennoch nicht in Fluss, weil sie sich innerlich dagegen sperren, das *Dies ist vorbei* anzuerkennen. Einige glauben, es käme einem Verrat gleich, den Verlust zu akzeptieren: „Wenn ich den Gedanken zulasse, dass Papa sterben wird, gebe ich ja die Hoffnung auf." „Wenn ich nicht mehr nach dem Warum frage, nehme ich dem Verlust die Wichtigkeit." Sie wehren sich gegen ein verändertes Weiterleben, beklagen, dass alles nach wie vor unverändert schwer bleibt und dass nahestehende Menschen auf Abstand gehen.

Paradoxerweise kann beides, Akzeptanz wie Ablehnung der neuen Realität, eine neue Entscheidungsfreiheit bedeuten, wenn der Wunsch entsteht, aus dem Gegebenen das Beste zu machen.

Im LAVIA Lebensweg- und Trauermodell ist in einem violetten Bereich ein Kreisverkehr sichtbar. Er steht dafür, dass es Situationen geben kann, in denen man sich nur um die eigene Achse dreht und nicht weiterkommt. Der Kreisverkehr kann als Symbol auch innerhalb jeder anderen Farbe und an jeder anderen Stelle des Weges platziert werden.

> Manuel ist seit drei Jahren verwitwet und trifft sich mit einigen Frauen, die er in Dating-Portalen kennengelernt hat. In der Trauergruppe erzählt er, dass er keine einzige Frau findet, die sein Herz berührt – auch wenn er sie nett findet. Er erzählt auch, dass er am Grab mit seiner verstorbenen Frau spricht und sie fragt, warum sie, verdammt noch mal, nicht wiederkommt. Da erst wird ihm klar, dass er ihr Fort-Sein durch den Tod zwar verstanden, aber noch lange nicht in aller Konsequenz akzeptiert hat. Mit diesem neuen Bewusstsein überlegt er nun, ob er lieber das Alleinsein oder eine Freundschaft akzeptieren möchte, statt nach einer neuen Liebe zu suchen. Vielleicht wird er auch noch einmal diese Erfahrung betrauern, um eine weitere Lebensentscheidung besser akzeptieren zu können.

Alexandra begreift, dass nach dem Tod ihres Ehemannes sich auch ihr Verhältnis zu den Schwiegereltern verändert. Ihr wird klar, dass sie es nicht mehr akzeptieren will, dass diese sich in ihr Privatleben einmischen. Darum sucht sie das Gespräch mit ihnen und setzt klare Grenzen.

Die 14-jährige Luise möchte nicht wahrhaben, dass ihr Vater gestorben ist. Sie stellt sich vor, dass er auf Dienstreise ist. Luise weiß, dass er verstorben ist, aber sie will es für sich nicht anerkennen. Als sich ihre Mutter drei Jahre später in einen neuen Partner verliebt, weigert sie sich, den Freund der Mutter kennenzulernen und wiederholt immer wieder: „Das würde Papa nicht gefallen." Ihr Trauerprozess, der vermutlich jahrelang im Kreisverkehr des Verdrängens und Nicht-Akzeptierens rotiert ist, kommt erst nach und nach in einen weiteren Prozess.

Der fünfjährige Luca wirft erst seine Stofftiere und dann sich selbst auf den Boden. „Ich will, dass der Papa wiederkommt! Der Papa soll nicht tot sein!", schreit er wieder und wieder. Erst nach einer Weile lässt er wieder die Nähe der Mutter zu. Es erinnert die Mutter an die Wutausbrüche des Zwei- oder Dreijährigen, als er nicht akzeptieren wollte, dass er im kalten Winter eine warme Jacke anziehen sollte.

Pläne, die wir für unser Leben ursprünglich gemacht hatten, verlieren durch den Verlust vielleicht ihre Gültigkeit. Bei der Traueraufgabe „Akzeptieren" geht es darum, sich angesichts dieser (ungewollten) Realität dem Leben und den Herausforderungen zu stellen mit dem, was wir an Möglichkeiten haben. Das muss nicht bedeuten, diese Realität gutzuheißen, sondern mit dem zu wachsen, was da und uns jeweils möglich ist – oder auch aus einer schwierigen Situation das Bestmögliche zu machen.

Viele Trauernde bezeichnen es als eine der schwierigsten Aufgaben ihres Lebens, die neue Lebenssituation, die sie so nicht gewollt haben, dennoch anzunehmen und für sich nach guten oder zumindest tolerierbaren Lösungen zu suchen. Das derzeit Beste aus der Situation und für das Weiterleben machen, könnte ein Ziel sein.

Rot: Vielfalt der Gefühle

Die Farbe Rot steht im LAVIA Lebensweg- und Trauermodell für die vielfältigen und widersprüchlichen Gefühle in der Trauer. Sie reichen von Traurigkeit, Schuldgefühlen, Hoffnung, Leere, Wut und Mut, über Verzweiflung, Ohnmacht, Erleichterung und Angst bis zu Sehnsucht, Dankbarkeit und noch vielem mehr.

Trauer wird oft als „schlechtes" und unangenehmes Gefühl empfunden, weil sie mit einem Verlust oder schmerzhaften Ereignis verbunden ist. Das kann der Tod eines geliebten Menschen sein, aber auch das Ende einer Beziehung, der Verlust eines Jobs oder eine andere bedeutsame Veränderung des Lebens. Menschen empfinden Trauer oft als belastend, da sie von intensiven Emotionen wie Schmerz, Sehnsucht und manchmal Hoffnungslosigkeit begleitet wird.

Mir ist wichtig zu betonen, dass Trauer nicht an sich „schlecht" ist, sondern ein natürlicher Bestandteil des menschlichen Lebens. Die Fähigkeit zu trauern ist uns angeboren. Trauer ermöglicht uns, Verluste zu verarbeiten, und spielt eine wichtige Rolle im Heilungsprozess. Es ist normal, traurig zu sein, wenn etwas verloren geht, und es ist auch normal, dass nach und nach neben dem Verlusterleben auch notwendige Erledigungen, schöne Erinnerungen und freudige Erwartungen wieder in den Fokus kommen.

Menschen sind in Verlustzeiten nicht permanent traurig, so wie sie auch in guten Zeiten nicht durchgehend fröhlich sind. Hier wie dort passt sich die Stimmung immer wieder den jeweiligen Situationen und Gegebenheiten an.

Nicht nur in Krisenzeiten machen vielfältige Gefühle uns als Menschen widerstandsfähiger und flexibler. Unterschiedliche Emotionen zuzulassen und zu verarbeiten, ermöglicht es, sich realistisch mit der Situation auseinanderzusetzen. Positive Gefühle können Hoffnung und Entschlossenheit stärken, während negative Emotionen wie Angst oder Trauer wichtige Signale für unsere Bedürfnisse sind. Die Vielfalt an Gefühlen erlaubt eine ganzheitliche Bewältigung und fördert persönliches Wachstum und Resilienz.

Es ist wertvoll, wenn sich Menschen von Beginn des Lebens an eine „emotionale Muskulatur“ zulegen dürfen, um all die Gefühle fühlen zu können, wenn sie notwendig, sprich: Not wendend, sind.

Nachdem die Oma der fünfjährigen Pia verstorben ist, erleben die Eltern manchmal eine weinerliche, anhängliche, aber auch wütende und dann wiederum scheinbar unbeschwerte kleine Tochter. In der Familientrauerbegleitung erfahren sie, dass ihre Tochter aufgrund des jungen Alters nur bruchstückhaft versteht, was der Tod der Oma auf unterschiedlichste Weise bedeutet und dadurch mit wechselnden Emotionen reagiert.

„Himmelhochjauchzendzutodebetrübt“ bezeichnen Lisa nach der Scheidung, Klara nach der Geburt ihres ersten Kindes und Thomas nach dem Tod seines Mannes die Gefühlslage. Es gibt Momente der Leichtigkeit neben denen der Verzweiflung – und das mitunter schnell nacheinander. Eben noch war es schön, mit dem Freund im Biergarten zu sitzen – bis plötzlich der Gedanke da ist, dass man eigentlich zu dritt hier sitzen würde.

Blau: Veränderung

Die Farbe Blau im LAVIA Lebensweg- und Trauermodell verweist auf die Veränderungen, die durch eine Krise ausgelöst werden. Eine Trennung, der Verlust eines Menschen oder der Heimat usw. macht oft viele Pläne zunichte, die davor wichtig waren. Lebensumstände verändern sich gezwungenermaßen und sind oft verbunden mit einer persönlichen Weiterentwicklung. Sich zu verändern bedeutet, in einem oder mehreren Schritten Altes loszulassen und Neues zu schaffen: aussortieren, beiseitestellen, beibehalten, loslassen, erneuern – vieles bleibt, alles wird anders. Und immer ist es begleitet von den großen Fragen „Wer bin ich?“, „Was passt zu mir?“ und „Was soll werden?“.

Oft verändern Krisenzeiten Lebensperspektiven und Prioritäten werden neu gesetzt.

Manche Menschen erfahren durch eine Krise persönliches Wachstum. Sie werden stärker und widerstandsfähiger, weil sie sich den Herausforderungen gestellt haben. Sogar traumatische Krisen können Menschen resilienter werden lassen, weil sie für sich passende Bewältigungsstrategien entwickeln können, während andere mit langfristigen psychischen Belastungen konfrontiert werden.

Viele suchen nach dem tieferen Sinn ihres Lebens, reflektieren ihre Werte und hinterfragen ihre Spiritualität. Manche suchen nach Trost, Geborgenheit und Führung in einer spirituellen Dimension, andere wenden sich enttäuscht von ihrem bisherigen Glauben ab. Krisen wirken sich auf die individuelle Spiritualität ganz verschieden aus, häufig abhängig von positiven oder negativen Erfahrungen mit religiösen Institutionen.

Auch im sozialen Umfeld verändern sich häufig Prioritäten: Oberflächliche soziale Kontakte treten in den Hintergrund zugunsten von tieferen, bedeutsamen Beziehungen. Krisen können Familien, Beziehungen und Freundeskreise auch dazu bringen, sich stärker solidarisch zu zeigen, zu helfen und unterstützen.

Es ist wichtig zu beachten, dass soziale Veränderungen in Krisenzeiten individuell und durch verschiedene Faktoren beeinflusst werden können. Es hängt davon ab, welche Art Krise durchlebt wird, wie die Gemeinschaft organisiert ist und was die Einzelnen benötigen. Vergleicht man etwa Scheidung und Verwitwung, werden die Unterschiede schnell offensichtlich: Im Falle einer Scheidung ist man mit Loyalitätsproblemen konfrontiert, es fehlen Trostrituale und Trauer ist in dieser Situation gesellschaftlich kaum anerkannt. Soziale Unterstützung ist jedoch in jeder Verlustsituation wichtig.

Der Umgang mit der Krise und die verfügbare Unterstützung spielen eine Rolle in dem Prozess. Veränderungen erfordern neue Zielsetzungen, Zeit, Mühe und Zuversicht. Eine wichtige Frage ist, wie Trauer zu einem Prozess der Wandlung und des persönlichen Wachstums werden kann. Es ist wichtig zu betonen, dass nicht alle Menschen zwangsläufig die gleichen Veränderungen erleben. Einige können durch eine Krise gestärkt, andere stärker beeinträchtigt hervorgehen.

Nach dem Tod ihres Ehemannes geht Maria wieder Vollzeit arbeiten, weil durch die Verwitwung das Geld für die Lebenserhaltungskosten nicht ausreicht. Ihre kleine Tochter Maria besucht den Kindergarten jetzt ganztags und die Eltern von Maria erhalten einen Wohnungsschlüssel, um auf die Enkelin zu achten, bis die Mutter nach der Arbeit wieder zu Hause ist. Für alle Familienmitglieder findet eine Veränderung statt, um sich der neuen Lebenssituation so gut wie möglich und förderlich anzupassen.

Andreas stellt am vierten Todestag seines Sohnes fest, dass die Trauer nicht mehr sein gesamtes Denken, Handeln und Fühlen einnimmt. Nach und nach hat sich er selbst, sein soziales Umfeld und somit auch sein Leben verändert. Seine Suche nach dem Sinn des Verlustes hat auch das Begreifen, Akzeptieren, die Vielfalt der Gefühle, die Auseinandersetzung mit Beziehungen oder Beziehungsorten und schlussendlich die damit einhergehende Veränderung der Lebenseinstellung umfasst. Sein Glaube an einen göttlichen Himmel, den er vor dem Tod seines Kindes belächelt hat, ist ihm durch Gespräche mit der Krankenhausseelsorgerin wertvoll und tröstlich geworden.

Gina bewohnt nach der Trennung von ihrem Partner und Vater der Kinder weiterhin das renovierungsbedürftige Haus, obwohl sie damit finanziell überfordert ist. Sie erklärt ihren Freunden, dass die Kinder nach dem Auszug des Vaters nicht auch noch das gewohnte Heim verlieren sollen. Aufgrund aller unpassender Umstände und Schwierigkeiten entwickelt sich bei ihr eine Depression. Ihr Hausarzt spricht von einer Anpassungsstörung und empfiehlt ihr neben der Schuldner-, Ehe- und Lebensberatung auch eine Trauerbegleitung.

Gelb: Beziehungsort

Gelb steht für den Beziehungsort, für den Raum, den Trauernde fehlenden Menschen, Tieren, Gegenständen, Lebensformen, Lebensträumen oder Orten geben. Was wird vorübergehend oder dauerhaft im Vordergrund stehen, wer und was wird an meiner Seite Platz haben oder in den Hintergrund treten? Was darf verblassen und was bekommt ein Denkmal gesetzt? An die Stelle der gelebten Beziehung treten oft neue Formen und Orte der Verbundenheit: im Herzen, im Himmel bei Gott oder als Stern, in Träumen, Schatzkisten, Geschichten, Meditationen, Fotos, Haarsträhnen, in gedeuteten Zeichen wie z. B. Federn oder Schmetterlingen, durch Tattoos, Schmuckstücke, Rituale oder indem ein geistiges oder materielles Erbe auf neue Art und Weise fortgesetzt wird.

Es ist wichtig, dass man keinen Druck verspürt, die Lebensaufgabe eines anderen fortzuführen; oder zwanghaft versucht, den Verlust immer wieder in den Vordergrund zu rücken aus Angst, die Erinnerung könnte verloren gehen. In Verbindung sein und trotzdem loslassen ist möglich. So wie die Hand in der Mitte des LAVIA Lebensweg- und Trauermodells, die sich dem Schmetterling als Start- und Landeplatz öffnet.

Die immer weiter verlaufenden Wege im LAVIA Modell verdeutlichen, dass sich Orte und Beziehungen verändern werden und das eigene Leben einen immer neuen Verlauf nimmt. Vielleicht wird das Kinderzimmer, in dem anfangs das verstorbene Kind noch spürbar war, im Laufe der Zeit zum Arbeitszimmer. Ein Foto, das zunächst in einem großen Rahmen an der Wand hing, wird verkleinert, weil andere wichtige Personen und Lebensereignisse daneben einen Platz bekommen. Das Ehebett erhält neue Matratzen und das Schlafzimmer eine bunte Tapete, weil eine neue Frau eingezogen ist. Das Grab ist nicht mehr eine alltägliche Anlaufstelle.

Dies alles bedeutet nicht, dass der vermisste Mensch in Vergessenheit geraten ist. Es macht aber deutlich, dass Veränderungen wie neue Beziehungen oder Pläne auch neuen Raum benötigen. Die Liebe zu Verstorbenen und andere bedeutsame Verluste werden oft an inneren Orten bewahrt und können durch ehemals gemeinsame Erfahrungen und Inspirationen Einfluss auf das Weiterleben nehmen. An Gedenktagen oder durch andere Ereignisse können sie vorübergehend auch wieder in den Vordergrund treten.

Es kann bedacht werden: Nicht diejenigen, die gegangen oder gestorben sind, sondern die, die zurückbleiben, dürfen die Nähe oder Entfernung und ihre Art des Trauerns und Weiterlebens bestimmen.

Hubert hat nach dem Tod seiner Frau das übergroße Portraitfoto, das während der Trauerfeier neben ihrer Urne stand, im Wohnzimmer aufgehängt. Auch hat er ihre Jacken und Schuhe in der Garderobe stehen lassen, als sei sie noch in der Wohnung anwesend. Anfangs kommt ihm der bekannte Anblick und auch Geruch vieler Gegenstände tröstend vor. Nach und nach empfindet er es jedoch als emotional belastend, weil es ihm ständig ihr Fehlen bewusst macht. Erst als Hubert mit einem Freund seine Wohnung umgestaltet und das große Portraitfoto gegen ein gemeinsames Urlaubsbild umgetauscht hat, spürt er eine innere Entlastung. Die ehemals gemeinsame Wohnung wird nun zu seinem neuen Zuhause, in dem an seine Frau erinnert wird, sie aber nicht mehr alle Räume mit ihrem Fehlen füllt.

Andrea spricht vier Jahre nach dem Tod des Ehemannes mit den Kindern darüber, dass sie einen neuen Mann kennengelernt hat. Als ihre Kinder die Sorge äußern, dass ihr Papa damit in Vergessenheit gerate, erklärt sie ihnen, dass dieser einen festen, unverlierbaren Platz in ihrem Herzen behalten werde – ebenso wie sie selbst ihren Platz für immer dort haben werden. Für ihren neuen Freund öffnet sie einen weiteren Raum. Sie ist davon überzeugt, dass das Herz in Liebe größer werden kann.

Als die kleine Schwester von Max stirbt, ist er neun Jahre alt. Alle in seinem Umfeld wissen darum, weil er in einem kleinen Ort lebt und die Familiengeschichte bekannt ist. Mit der Entscheidung für die weiterführende Schule in einem anderen Ort entscheidet Max, diesen Teil seiner Geschichte weniger öffentlich zu leben. Obwohl die Schwester im Haus präsent ist und er selbst auch darauf besteht, dass die Bilder von ihr hängen bleiben, will er künftig selbst bestimmen, mit wem, wann und wie er über seine Schwester sprechen will.

Arbeiten mit dem LAVIA Lebensweg- und Trauermodell©

Sie halten ein Arbeitsbuch in den Händen, das vollgepackt ist mit didaktischen und methodischen Impulsen. Es basiert auf meinem heutigen Wissen um Trauerprozesse und meiner Erfahrung mit trauernden Menschen.

Lebenskrisen sind so vielfältig wie die Menschen selbst. Deshalb braucht es fundierte Angebote, die den verschiedenen Lerntypen gerecht werden. Das LAVIA Lebensweg- und Trauermodell bietet visuellen Lerntypen Bilder und Symbole, auditiven Lerntypen Erklärungen und Gespräche und ergänzt das Angebot durch Lieder und Geschichten. Der kinästhetische Lerntyp lernt durch Handeln, Bewegung und Ausprobieren, während der lesend-schreibende Lerntyp neues Wissen durch Lesen und Schreiben verinnerlicht. Da jeder Mensch jedoch nicht nur einem Lerntyp angehört, können alle von allen Angeboten im Buch profitieren.

Bei den Impulsfragen habe ich oft eine bildhafte Sprache verwendet, um neue Blickwinkel im Denken und Gespräch zu ermöglichen. Wenn vieles im Leben aus der Balance gerät, brauchen wir neue und kreative Impulse und Gedanken. Diese dürfen „schräg gedacht" und ungewöhnlich sein, weil vieles Gewohnte scheinbar oder tatsächlich verloren und in eine Schieflage geraten ist. Passen wir uns nach und nach den neuen Herausforderungen des Lebens an, wird es mit der Zeit wieder ausgeglichen und lebenswert.

Die Methoden und Impulse, die im Buch vorgeschlagen werden, stehen immer im Kontext der Aufgaben, die im LAVIA Lebensweg- und Trauermodell genannt werden. Es ist wichtig, die vorgestellten Methoden immer wieder in Bezug dazu zu stellen und sich in den Gesprächen daran zu orientieren. Information stärkt und schützt.

Die kreativen Methoden und Gesprächsimpulse aus diesem Praxisbuch können in der Trauerarbeit, Therapie, Seelsorge, im Unterricht, in Einzelgesprächen und persönlich präventiv oder akut genutzt werden. Die Auswahl der Impulsfragen kann den jeweiligen Lebensumständen, verschiedenen Verlusten, dem Alter der Gruppenmitglieder und weiteren Faktoren angepasst werden.

Alle gekennzeichneten Arbeitsblätter können Sie auf meiner Homepage www.familientrauerbegleitung.de unter dem Punkt „Medien“ kostenlos herunterladen.

Leben und damit auch lernen bedeutet ständige Veränderung. Ich erhebe keinen Anspruch auf absolute Vollkommenheit in meiner Arbeit, weil das einfach nicht der Lebenswirklichkeit entspricht. Mein Ideal ist, dass viele Menschen durch Gespräche, Fragen, Interesse und neue Erkenntnisse die Notwendigkeit aller Gefühle verstehen und an der Idee der Familientrauerbegleitung mitwirken – mithilfe des LAVIA Lebensweg- und Trauermodells.

Ebene I: Die Landschaft und ihre Symbole

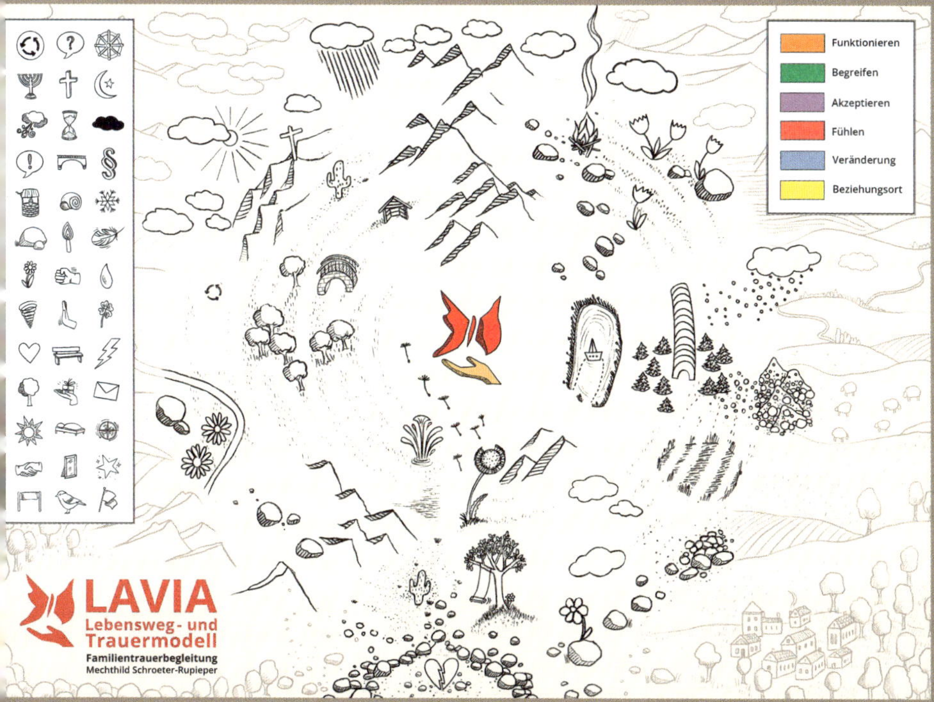

Auf dem Boden der Tatsachen

Material

- Ausdrucke der ersten Ebene aus dem LAVIA Lebensweg- und Trauermodell in der Anzahl der Teilnehmenden
- Buntstifte
- Glitzerstifte
- Blumensamenpapier

Ablauf

Einstiegsritual

Mit der Frage „Mit welchem Gefühl und Symbol bin ich heute hier?“ geht der LAVIA-Gefühlswürfel von Hand zu Hand.

Oder

Die Symbole aus dem Modell liegen als Kärtchen auf dem Tisch.

- Gibt es ein Symbol, das ausdrückt, wie ich heute hier bin?
- Habe ich seit unserem letzten Treffen etwas erlebt, von dem ich kurz berichten möchte? Welches Symbol passt für mich dazu?
- Fiel mir in letzter Zeit etwas schwerer oder leichter als in den Tagen zuvor? Welche Symbole passen dazu?

Vorbereitung und Gesprächseinstieg

Vor allen Teilnehmenden (alle Impulse können auch in Einzelgesprächen genutzt werden) liegt eine Kopie der ersten Ebene des LAVIA Lebensweg- und Trauermodells. Die Gruppenleitung erklärt, dass diese Landschaft ein vereinfachtes Symbol ihres alltäglichen Lebens (vor der Krise und auch aktuell) sein kann.

Krisensituationen werden von Menschen unterschiedlich erlebt. Nicht nur, ob man eher ein sachlicher, strukturierter, emotionaler, optimistischer, pessimistischer, lebenserfahrener oder eher -unerfahrener, von Krisen- oder Glückzeiten geprägter Mensch ist, beeinflusst die Situation. Auch, in welcher Lebenslage sich jemand aktuell befindet, ist bedeutsam. Folgende Fragen helfen, die eigene Situation zu reflektieren (die Fragen in angemessener Sprache eignen sich für Erwachsene, Jugendliche und Kinder):

- Erlebe ich meine derzeitige Situation (Erwerbsarbeit, Elternzeit, Ruhestand, Arbeitslosigkeit, Schulzeit, Ausbildung, Studium ...) als erfüllend oder überfordernd?
- Habe ich Verpflichtungen pflegebedürftigen Verwandten gegenüber?
- Mit welchen Freunden kann ich am Lagerfeuer oder woanders zusammensitzen?
- Trage ich Sorge für kleine oder jugendliche Kinder, Geschwister oder Eltern?
- Erlebe ich Unterstützung im Alltag?
- Welche Kontakte und Freundschaften erlebe und schätze ich?
- Erschwert oder stabilisiert meine finanzielle Lage die neue Situation?
- Habe ich ein Hobby und kann ich es ausführen?
- Habe ich eine Schutzhütte, in der ich mich geborgen fühle?
- Was spiele ich gerne?
- Sind Kita, Schule oder Arbeitsplatz eine gute Abwechslung vom Traurigsein?
- Welches Hobby ist mir am liebsten und kann ich es im Augenblick ausüben?
- Was ist für mich zurzeit etwas oder sehr anstrengend?
- Zu wem gehe ich, wenn ich traurig bin?

Aktion

Alle Teilnehmenden schreiben oder malen auf die Vorlage der ersten Ebene des LAVIA Lebensweg- und Trauermodells Aspekte, die gerade ihr Leben ausmachen: Arbeitsplatz, Wohnsituation, Menschen, Tiere, Verpflichtungen, Hobbys usw. Sie können sich dabei an den Symbolen des Modells orientieren, z. B. Hobbys neben die Kraftquelle schreiben, Kraftraubendes auf die Bergkette (die gleichzeitig manchen auch ein Symbol für Erholung sein kann).

Im anschließenden Gespräch kann im Austausch oder mit Fallbeispielen verdeutlicht werden, welche Unterschiede es zwischen den Lebenssituationen trauernder Menschen gibt: ob das bisherige Leben unbeschwert oder eher schwer war, wirkt sich auf die Krisensituation aus. Wenn das Leben schon vor dem Verlust anstrengend war, entsteht in der Krisensituation eine zusätzliche Belastung. Ein Gefühl der Überforderung entsteht nicht durch eine Komponente allein, sondern ist das Ergebnis eines komplexen Zusammenspiels.

Nach dem Austausch schreiben oder malen die Teilnehmenden mit einem Glitzerstift einen oder mehrere Wünsche auf ein Blumensamenpapier.

Folgende Fragen können als Impulse dienen:

- Was soll in meinem Leben weiterwachsen wie bisher?
- Was soll Neues wachsen und eines Tages in bunten Farben blühen?
- Wem schreibe ich ein gutes Wort auf das Samenpapier, pflanze und verschenke es dann in einem Blumentopf?

Im Frühjahr oder Sommer kann das Blumensamenpapier im Garten oder irgendwo in der Natur ausgelegt und vorsichtig mit Erde bedeckt werden. Zu allen Jahreszeiten funktioniert es in einem Blumentopf. Und so, wie die Samen nur keimen können, wenn die Erde bewässert wird, braucht es auch im eigenen Leben – neben dem Hoffen – Selbstfürsorge, damit die eigenen Wünsche eines Tages blühen können.

Abschlussritual

Der LAVIA-Gefühlswürfel geht von Hand zu Hand:

- Mit welchem Gefühl gehe ich nach Hause?
- Was nehme ich aus unserem Treffen als Impuls mit und was gönne ich mir in den nächsten Tagen Gutes?

Gute Gründe für das Leben

Material

- Ausdrucke der ersten Ebene aus dem LAVIA Lebensweg- und Trauermodell in der Anzahl der Teilnehmenden
- Buntstifte
- die Skizze einer Sonne mit Strahlen in DIN A3 für alle Teilnehmenden

Ablauf

Einstiegsritual

Der LAVIA-Gefühlswürfel geht mit der Frage „Mit welchem Gefühl und Symbol bin ich heute hier?" von Hand zu Hand.

Oder

Die Symbole aus dem Modell liegen als Kärtchen auf dem Tisch.

- Gibt es ein Symbol, das ausdrückt, wie ich heute hier bin?
- Habe ich seit unserem letzten Treffen etwas erlebt, von dem ich kurz berichten möchte? Welches Symbol suche ich dazu aus?
- Fiel mir in letzter Zeit etwas schwerer oder leichter als in den Tagen zuvor? Welche Symbole passen dazu?

Vorbereitung und Gesprächseinstieg

Vor allen Teilnehmenden liegt eine Kopie der unteren Ebene des LAVIA Lebensweg- und Trauermodells. Die Impulsfragen können auf Kärtchen ausgelegt oder von der Gesprächsleitung nach und nach vorgelesen werden. Es ist auch möglich, einzelne Fragen auszuwählen. Auf jeden Fall sollte erwähnt werden, dass das Modell auf symbolische Weise das Leben skizziert (vor der Krise und auch aktuell) und auch die Impulsfragen eine bildhafte Sprache verwenden, damit beim Nachdenken und im Gespräch neue Assoziationen entstehen können.

Manchmal stellt sich in Krisenzeiten die Frage, was das eigene Leben noch lebenswert macht. Aufgrund unserer Lebenserfahrungen bringen wir vielleicht schon Erfahrungen unseres Scheiterns und auch Problembewältigungs-Strategien mit. Es ist wertvoll, im Gedankenaustausch neben dem Schweren auch die eigenen Fähigkeiten zu betrachten und sich auf die Suche nach lichten Momenten in dunklen Zeiten zu machen.

Aktion

Die Teilnehmenden betrachten die Symbole der ersten Ebene für sich oder gemeinsam und übersetzen sie auf das eigene Leben und ihre Erfahrungen. Alternativ können die Symbole mit den Fragen vorgestellt werden und die Teilnehmenden wählen selbst aus, welche Symbole sie am meisten ansprechen und für sie passen.

Bei einigen Fragen sollte vorher erläutert werden, ob sie die Lebenssituation vor oder nach dem Verlust fokussieren sollen.

- **Gebrochenes Herz**: Wann auf meinem bisherigen Lebensweg ist mein Herz gebrochen oder hat Risse bekommen? Was an diesen Erfahrungen erweist sich für mich im Nachhinein als hilfreich und was als belastend?
- **Bergkette**: Welche Höhen und Tiefen kenne ich in meinem Leben?
- **Gipfelkreuz**: Was habe ich schon erreicht, obwohl es anstrengend war? Welche dieser Gipfelkreuzmomente machen mich stolz? Benenne mindestens einen.
- **Steine**: Erlebe ich mehr steinige Wege oder ist mein Untergrund meist gut asphaltiert?
- **Brücke**: Welche Lebenserfahrungen helfen mir, Brücken über Abgründe zu bauen? Benenne mindestens eine.
- **Schutzhütte**: Wer oder was bietet mir eine Schutzhütte, in der ich ausruhen kann?
- **Blumen**: Welche Momente, Situationen oder Lebewesen erfreuen mein Herz? Benenne mindestens eine Sache.
- **Sonne hinter Wolke**: Wer oder was lässt die Sonne auch an trüben Tagen durchscheinen und was sind meine guten Gründe weiterzuleben? Benenne mindestens einen Sonnenmoment.

- **Kraftquelle**: Wer oder was ist mir eine Kraftquelle? Benenne mindestens eine.
- **Kaktus**: Ähnelt mein Leben manchmal einer Wüste? Wie halte ich manche Wüstentage aus und wo kann ich Oasen finden?
- **Tunnel**: Tunnel im Straßenverkehr ermöglichen es, Hürden leicht zu überwinden. Manchmal wirken sie jedoch endlos lang, düster und beengend. Wie erlebe ich Tunnel auf meinen Wegen?
- **Feuerstelle**: Mit welchen Menschen sitze ich gerne an einer Feuerstelle beisammen?
- **Wald**: Sehe ich aktuell den Wald vor lauter Bäumen nicht mehr oder erlebe ich an einigen Orten Schutz und Schatten?
- **Schiff auf dem See**: Kann ich mich tragen lassen wie ein Schiff sich vom Wasser tragen lässt oder gebe ich das Steuerrad oder Ruder nicht aus der Hand?
- **Schaukel**: Wo erlebe ich Leichtigkeit? Wer oder was bringt Schwung in mein Leben?
- **Pusteblume**: Was gibt mir Zuversicht? Welche Wünsche lasse ich schon jetzt gedanklich in meine Zukunft fliegen?
- **Sumpf**: Gibt es Momente, in denen ich nicht vorankomme, als würde ich durch einen Sumpf waten?

Folgende Gedanken können in den Austausch einbezogen werden:
- Was würde ich gerne dauerhaft ändern?
- Wobei wünsche ich mir Unterstützung?
- Wann vertraue ich auf die Zeit?

Im Anschluss erhalten alle Teilnehmenden eine Kopie der skizzierten Sonne und werden eingeladen, die Strahlen mit guten Gründen für das Leben zu beschriften. Das Bild kann zu Hause gut sichtbar aufgehängt und nach und nach weiter beschriftet werden. So kann es als Hingucker und Mutmacher in trüben Tagen dienen.

Abschlussritual

Der LAVIA-Gefühlswürfel geht mit der Frage von Hand zu Hand:
- Mit welchem Gefühl gehe ich nach Hause?
- Was nehme ich aus unserem Treffen als Impuls mit und wo in meinem Zuhause bekommt meine Sonne einen Platz?

Ebene 2: Der Labyrinthweg

Unterwegs im Labyrinth

Material

- Ausdrucke der zweiten Ebene aus dem LAVIA Lebensweg- und Trauermodell in der Anzahl der Teilnehmenden
- Fotos von Maisfeld-Labyrinthen
- bunte Spielfiguren
- verschiedene Sprichwörter und Redewendungen zu Umwegen, mehrfach ausgedruckt

Ablauf

Einstiegsritual

Der LAVIA-Gefühlswürfel geht mit der Frage „Mit welchem Gefühl und Symbol bin ich heute hier?" von Hand zu Hand.

Oder

Die Symbole aus dem Modell liegen als Kärtchen auf dem Tisch.

- Gibt es ein Symbol, das ausdrückt, wie ich heute hier bin?
- Habe ich seit unserem letzten Treffen etwas erlebt, von dem ich kurz berichten möchte? Welches Symbol suche ich dazu aus?
- Fiel mir in letzter Zeit etwas schwerer oder leichter als in den Tagen zuvor? Welche Symbole passen dazu?

Vorbereitung und Gesprächseinstieg

Vor allen Teilnehmenden liegt eine Kopie der zweiten Ebene des LAVIA Lebensweg- und Trauermodells.

Verschiedene Fotos von Maisfeld-Labyrinthen sind auf dem Tisch verteilt. Sie sollen verdeutlichen, dass Lebenswege manchmal einem Gang durch ein Maisfeld-Labyrinth ähneln, in dem die Pflanzen an vielen Stellen so hoch und dicht gewachsen sind, dass die Orientierung leicht verloren geht. Dadurch verliert man manchmal den Blick für

- den eigenen Standort
- das, was rechts oder links neben einem liegt
- Hilfsangebote oder benötigte Hilfe
- die Etappe, die noch vor einem liegt
- den Überblick über das große Ganze.

Im Gespräch benennt die Gesprächsleitung, dass es hilfreich sein kann, innezuhalten und eine Vogelperspektive einzunehmen, um sich neu zu fokussieren und zu erkennen, wo man steht und welche Fortschritte man gemacht hat.

Aktion

Die Teilnehmenden platzieren eine Spielfigur auf dem LAVIA Lebensweg- und Trauermodell-Labyrinth und beschreiben dazu ihren aktuellen Standort:

Zum Beispiel:
- Ich befinde mich grade am Gipfelkreuz, weil …
- Ich stehe mitten im Sumpf, habe ihn (nicht) kommen sehen, weil …
- Ich sehe schon das Licht am Ende des Tunnels, weil …
- Ich stehe vor einer uneinsichtigen Kurve, weil …
- Ich befinde mich auf einer angenehmen Ebene, weil …
- Ich fühle mich weit weg von meinem Teil-Ziel, weil …
- Ich befinde mich im Kreisverkehr, weil …
- Ich stehe … und sehe schon …
- Ich habe die Orientierung verloren …
- Es fühlt sich an wie zurückgefallen, weil
- Ich bin nahe am Ziel, weil …

Im Gespräch darf immer wieder auf den Aspekt aufmerksam gemacht werden, dass der Blick *auf* den Lebensweg mit dem LAVIA Lebensweg- und Trauermodell sich von den Wegen *im* Leben unterscheidet, weil wir – wie in einem Maisfeld-Labyrinth – manchmal nicht den Überblick haben und die Möglichkeit des Blicks nach rechts und links nicht nutzen können.

Im Anschluss bietet sich ein Gespräch über Umwege an. Redewendungen und „kluge Ratschläge“ können als Gesprächsimpuls dienen und kontrovers diskutiert werden.

- Das Leben ist nicht beendet, weil der eigene Plan nicht aufgegangen ist. Es hat nur den Weg versperrt, damit ein anderer gewählt wird.
- Manche Ziele werden nur über Umwege erreicht.
- Durch Umwege lernt man sein Ziel aus verschiedenen Blickwinkeln kennen.
- Vielleicht ist der Umweg dein Ausweg?
- Viele sind hartnäckig in Bezug auf den einmal eingeschlagenen Weg, wenige in Bezug auf das Ziel. (Friedrich Nietzsche)
- Der Langsamste, der sein Ziel nicht aus den Augen verliert, kommt immer noch schneller voran als der, der ohne Ziel herumirrt. (Gotthold Ephraim Lessing)
- Verwechsle Bewegung und Fortschritt nicht. Ein Schaukelpferd bleibt in Bewegung, macht aber keine Fortschritte. (Alfred Montapert)
- Wer ein Ziel will, darf den Weg nicht scheuen. (Theodor Fontane)
- Habe Geduld, alle Dinge sind schwierig, bevor sie einfacher werden. (Französisches Sprichwort)
- Es soll nicht genügen, dass man Schritte tue, die einst zum Ziel führen, sondern jeder Schritt soll Ziel sein und als Ziel gelten. (Johann Wolfgang von Goethe)
- Hab Mut. Geh den nächsten Schritt. Ein wenig ist mehr als nichts. (Mechthild Schroeter-Rupieper)

Abschlussritual

Der LAVIA-Gefühlswürfel geht mit der Frage von Hand zu Hand:

- Mit welchem Gefühl gehe ich nach Hause?
- Welches Sprichwort möchte ich mitnehmen?

Meine Siebensachen für den Trauerrucksack

Material

- Ausdrucke der zweiten Ebene aus dem LAVIA Lebensweg- und Trauermodell in der Anzahl der Teilnehmenden
- ein Wanderrucksack
- Skizze eines Rucksacks als Kopie für alle Teilnehmenden
- Prospekte, in denen Lebensmittel-, Hygiene-, Gesundheits- und Outdoorprodukte abgebildet sind
- Scheren und Klebstoff
- Stifte
- ein Reisesegen oder gute Wünsche als Kopie für alle Teilnehmenden

Ablauf

Einstiegsritual

Der LAVIA-Gefühlswürfel geht mit der Frage „Mit welchem Gefühl und Symbol bin ich heute hier?" von Hand zu Hand.

Oder

Die Symbole aus dem Modell liegen als Kärtchen auf dem Tisch.

- Gibt es ein Symbol, das ausdrückt, wie ich heute hier bin?
- Habe ich seit unserem letzten Treffen etwas erlebt, von dem ich kurz berichten möchte? Welches Symbol suche ich dazu aus?
- Fiel mir in letzter Zeit etwas schwerer oder leichter als in den Tagen zuvor? Welche Symbole passen dazu?

Vorbereitung und Gesprächseinstieg

Vor allen Teilnehmenden liegt eine Kopie des Labyrinths aus dem LAVIA Lebensweg- und Trauermodell. Die Gesprächsleitung erläutert, dass dieses Bild einen vereinfachten symbolhaften Abschnitt des Lebens darstellen könnte. Diese Wegstrecke ist aufgrund der Krise oft von Trauer überschattet und deshalb dunkler schattiert. Der Weg kann steiler, flacher, kurviger, langatmiger, länger oder kürzer ausfallen.

Die Gruppenleitung gibt den Impuls, dass das Durchleben der Krise mit einer langen und vielleicht auch anstrengenden Reise vergleichbar ist. Wenn wir uns im „normalen" Leben auf eine Wanderung vorbereiten, packen wir dafür einen Rucksack mit allem Notwendigen. Wir erstellen eine Packliste, legen die Dinge, die wir schon haben, zusammen und markieren die, die wir noch besorgen sollten. Auch da, wo Menschen sich überraschend auf den Weg machen, packen sie nach Möglichkeit ihre „Siebensachen" zusammen, die ihnen wichtig erscheinen.

Aktion

Die Teilnehmenden werden eingeladen, eine „Packliste" zu erstellen mit allem, was sie brauchen, um auf morgen etwas besser vorbereitet zu sein, als sie es gestern vielleicht waren.
Prospekte, Scheren und Klebstoff werden dazu so auf dem Tisch ausgelegt, dass alle darauf zugreifen können. Die Bilder in den Prospekten können inspirieren, was in den eigenen Rucksack gepackt werden könnte. Passende Bilder können in die Rucksackskizze geklebt, eigene Ideen und Gedanken können aufgemalt und aufgeschrieben werden.

Ein Austausch schließt sich an:

- Welche Vorräte habe ich heute in meinen Rucksack gepackt und welche Bedeutung haben sie für mich?
- Was davon hätte ich auf der schon zurückliegenden Wegstrecke vor oder seit dem Verlust gut gebrauchen können?
- Welche Vorräte habe ich schon nutzen können?
- Was würde ich zusätzlich noch gerne in den Rucksack einpacken?
- Welche Erfahrungen können wir uns in der Gruppe gegenseitig mit auf den Weg geben, ähnlich, wie wenn wir Proviant miteinander teilen?

Im Anschluss kann ein Reisesegen als Lied gespielt oder vorgelesen werden.

Im lateinischen Wort für segnen, „bene-dicere“ ist etwas erhalten geblieben, was das deutsche Wort so nicht transportiert: Segnen heißt, einander Gutes zuzusprechen; einen guten Wunsch zu haben für einen anderen Menschen und für die Wege, die vor ihm oder ihr liegen; einander Wünsche mitgeben auf den Weg, als immaterielles leichtes Gepäck.

Oft eignen sich irische Reisesegen, die auch als Bitten formuliert werden können.
Zum Beispiel:
Mögest du warme Worte an einem kalten Abend haben,
Vollmond in einer dunklen Nacht
und eine sanfte Straße auf dem Weg nach Hause.
Oder
Segen sei bei dir,
wenn du den Weg nicht weißt,
wenn du unsicher bist,
wenn du dich fürchtest,
wenn du Schutz brauchst.
Er sei um dich wie ein Mantel,
der dich wärmt und umhüllt.

Es ist wichtig, darauf zu achten, ob ein religiöser oder spiritueller Impuls angebracht ist oder nicht. Es können auch andere Texte zum Thema „Wünsche“ verwendet werden.

Abschlussritual

Der LAVIA-Gefühlswürfel geht mit der Frage von Hand zu Hand:
- Mit welchem Gefühl gehe ich nach Hause?
- Wo werde ich mein Rucksackbild platzieren und was von dem, was ich hineingepackt habe, gönne ich mir noch bis zum Wochenende?

Wenn es passt, kann den Teilnehmer:innen eine Kopie des Segens mitgegeben werden.

Wo drückt der Schuh?

Material

- ein DIN-A3-Ausdruck der zweite Ebene aus dem LAVIA Lebensweg- und Trauermodell
- verschiedene Schuhe: Flipflops, Gummistiefel, Wanderschuhe, Pantoffeln, High Heels, Anzugschuhe, Arbeitsschuhe, Sneaker, Schuhe mit Spikes, Schlittschuhe usw.
- (Blasen-)Pflaster
- wasserfeste Stifte

Ablauf

Einstiegsritual

Der LAVIA-Gefühlswürfel geht mit der Frage „Mit welchem Gefühl und Symbol bin ich heute hier?“ von Hand zu Hand.

Oder

Die Symbole aus dem Modell liegen als Kärtchen auf dem Tisch.

- Gibt es ein Symbol, das ausdrückt, wie ich heute hier bin?
- Habe ich seit unserem letzten Treffen etwas erlebt, von dem ich kurz berichten möchte? Welches Symbol suche ich dazu aus?
- Fiel mir in letzter Zeit etwas schwerer oder leichter als in den Tagen zuvor? Welche Symbole passen dazu?

Vorbereitung und Gesprächseinstieg

Das Labyrinth aus dem LAVIA Lebensweg- und Trauermodell liegt in der Raummitte. Die Gruppenleitung erklärt, dass dieses Bild einen vereinfachten symbolhaften Wegabschnitt des derzeitigen Lebens darstellen könnte. Diese Wegstrecke ist aufgrund der Krise oft von Trauer überschattet und deshalb dunkler schattiert. Der Weg geht bergauf, bergab, ist kurvenreich und gerade und hat unterschiedlichste Bodenbeschaffenheiten.

„Es gibt kein schlechtes Wetter, nur unpassende Kleidung", sagt ein Sprichwort. Es bedeutet, dass man sich allen Herausforderungen des Wetters stellen kann, wenn man entsprechend ausgerüstet ist. Das gilt auch, wenn man den Gedanken symbolisch auf den Lebens- und Trauerweg überträgt: Es kann hilfreich sein, für verschiedene Wegstrecken unterschiedliches Schuhwerk zu nutzen, um Stabilität, Nässe- und Rutschschutz oder Atmungsaktivität zu erhalten. Übrigens macht gute Kleidung schlechtes Wetter oder – im übertragenden Sinn – Verluste nicht „schöner", sondern erträglicher.

Aktion

Die verschiedenen Schuhe werden um das LAVIA-Labyrinth-Bild gestellt. Die Teilnehmenden suchen sich einen Schuh aus, den sie in ihrer aktuellen Situation gut brauchen könnten.

Für die Auswahl kann die Frage herangezogen werden, welcher Situation die aktuelle Verfassung gleicht: Befinde ich mich im Augenblick eher auf rutschigem Untergrund, auf eisigem Boden, barfuß auf der Wiese, in Urlaubsstimmung am Strand, inmitten einer Baustelle, auf einer Marathonstrecke, auf einem Fest mit Tanz, in schlammigem Gelände, auf dem An- oder Abstieg eines Berges, an einem Misthaufen?

Nach einem Austausch anhand der ausgewählten Schuhe überlegen die Teilnehmenden, ob das aktuelle „Schuhwerk" angemessen ist oder an der einen oder anderen Stelle drückt.

Alle erhalten ein Blasenpflaster (alternativ ein größeres Heftpflaster oder einfarbige Socken), auf das sie eine realistisch umsetzbare Verbesserungsidee für die kommende Zeit schreiben können.

Abschlussritual

Der LAVIA-Gefühlswürfel geht mit der Frage von Hand zu Hand:

- Mit welchem Gefühl gehe ich nach Hause?
- Möchte ich vorlesen, was ich auf das Pflaster geschrieben habe?
- Was gönne ich mir noch Gutes bis zu diesem Wochenende?

Ein Blick auf die Hornhaut und Pflege der Seele

Material

- ein DIN-A3-Ausdruck der zweite Ebene aus dem LAVIA Lebensweg- und Trauermodell
- Spielfiguren
- Fußbadewannen und Handtücher für alle (am besten bringen die Teilnehmenden das von zu Hause mit)
- Totes-Meer-Salz
- zwei Schälchen mit zwei unterschiedlichen Sorten Bioglitzer
- Creme
- ätherische Öle (Lavendel, Zitrus)

Ablauf

Einstiegsritual

Der LAVIA-Gefühlswürfel geht mit der Frage „Mit welchem Gefühl und Symbol bin ich heute hier?“ von Hand zu Hand.

Oder

Die Symbole aus dem Modell liegen als Kärtchen auf dem Tisch.

- Gibt es ein Symbol, das ausdrückt, wie ich heute hier bin?
- Habe ich seit unserem letzten Treffen etwas erlebt, von dem ich kurz berichten möchte? Welches Symbol suche ich dazu aus?
- Fiel mir in letzter Zeit etwas schwerer oder leichter als in den Tagen zuvor? Welche Symbole passen dazu?

Vorbereitung und Gesprächseinstieg

Das Labyrinth aus dem LAVIA Lebensweg- und Trauermodell liegt in der Raummitte.

Die Gruppenleitung erklärt, dass dieses Bild einen vereinfachten symbolhaften Wegabschnitt des derzeitigen Lebens darstellen könnte. Diese Wegstrecke ist aufgrund der Krise oft von Trauer überschattet und deshalb dunkler schattiert. Der Weg geht bergauf und bergab, ist kurvenreich und gerade und hat unterschiedlichste Bodenbeschaffenheiten.

Die Teilnehmenden werden eingeladen, im Sinne einer Standortbestimmung eine Spielfigur im Labyrinth zu platzieren:

- Ich befinde mich gerade am Gipfelkreuz, weil …
- Ich stehe mitten im Sumpf, weil …
- Ich sehe schon das Licht am Ende des Tunnels, weil …
- Ich stehe vor einer uneinsichtigen Kurve, weil …
- Ich befinde mich auf einer angenehmen Ebene, weil …

Die Gruppenleitung führt in das Thema ein, indem sie erzählt, dass es für unsere Füße durchaus anstrengend ist, unterwegs zu sein. Deshalb bildet sich mit der Zeit eine Hornhaut. Sie ist wertvoll, weil sie die Füße vor Druck, Reibung oder falscher Belastung durch unpassendes Schuhwerk schützt. Laut einer Studie, die Biologen der Harvard University und Bewegungswissenschaftler der Technischen Universität Chemnitz durchgeführt haben, schützen verdickte und verhärtete Hautschichten beim Barfußlaufen, ohne dabei die Empfindlichkeit der Nervenenden in den Füßen zu beeinträchtigen. Auch die Redewendung „… sich ein dickes Fell zulegen“ bedeutet, dass man sich gegen das, was von außen unliebsam auf einen einströmt, schützt. Es heißt nicht, dass man unsensibel reagiert.

Es ist wertvoll, wenn wir darauf achten, der Seele und auch den Füßen, die uns durch das Leben tragen, insbesondere in harten und anstrengenden Zeiten gute Pflege zukommen zu lassen.

Aktion

Um ein Fußbad für müde Füße selbst zu machen, werden fünf Liter Wasser in eine Plastikwanne oder einen Plastikeimer gegossen. Das Wasser sollte 36–38°C warm sein.

Für ein beruhigendes Fußbad werden 8–15 Tropfen qualitativ hochwertiges Lavendelöl und vier Esslöffel Milch in das Badewasser gegeben.

Für ein anregendes Bad wird statt des Lavendelöls ein Minz- oder Zitrusöl verwendet.

Damit das Fußbad seine Wirkung gut entfalten kann, sollten die Füße mindestens 20 Minuten darin gebadet werden. Währenddessen kann ein Austausch über die Momente stattfinden, in denen wir bzw. unsere Füße schon Hürden auf dem Weg mit der Trauer bewältigt haben, auf die wir stolz sein dürfen. Wer mag, streut sich dafür eine oder mehrere Prisen Bioglitzer in das Fußbad. Diejenigen, die mehr Hürden als Erfolge sehen, dürfen den Bioglitzer als „magischen Energieschub“ nutzen.

Nach dem Fußbad und dem Austausch werden die Füße abgetrocknet und bei Bedarf eingecremt.

Abschlussritual

Der LAVIA-Gefühlswürfel geht mit der Frage von Hand zu Hand:

- Mit welchem Gefühl an Fuß und Seele gehe ich nach Hause?
- Was gönne ich mir noch Gutes bis zu diesem Wochenende?

Ebene 3: Die Farben

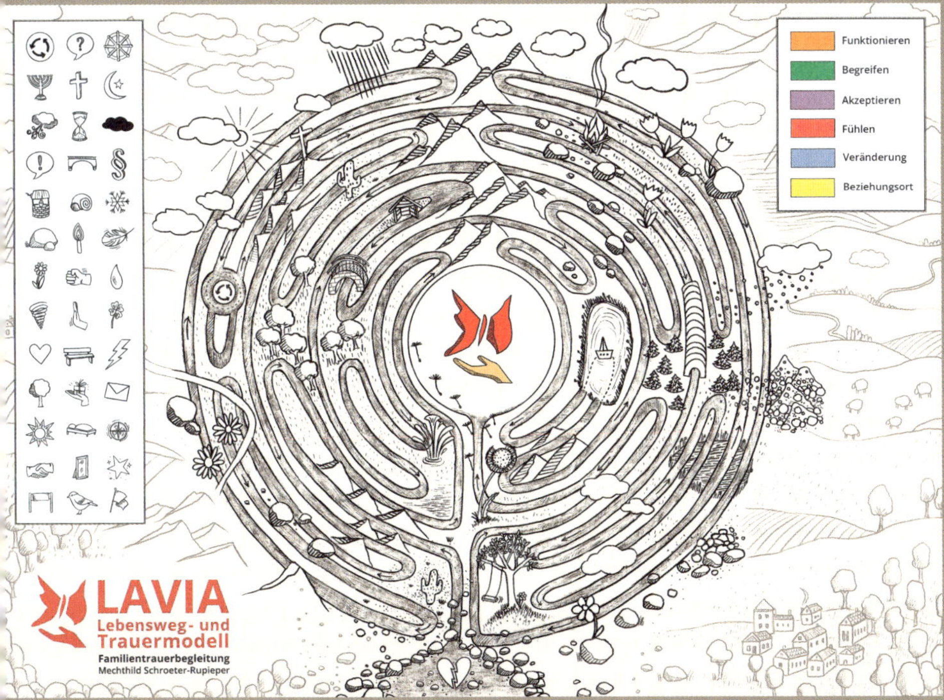

Der Energietank

Material

- Farbausdrucke der dritten Ebene des LAVIA Lebensweg- und Trauermodells für alle Teilnehmenden
- Fotos einer Tankanzeige im Auto und einer Zapfsäule
- Skizze eines Benzinkanisters als Kopie für alle Teilnehmenden
- Stifte

Ablauf

Einstiegsritual

Der LAVIA-Gefühlswürfel geht mit der Frage „Mit welchem Gefühl und Symbol bin ich heute hier?“ von Hand zu Hand.

Oder

Die Symbole aus dem Modell liegen als Kärtchen auf dem Tisch.

- Gibt es ein Symbol, das ausdrückt, wie ich heute hier bin?
- Habe ich seit unserem letzten Treffen etwas erlebt, von dem ich kurz berichten möchte? Welches Symbol suche ich dazu aus?
- Fiel mir in letzter Zeit etwas schwerer oder leichter als in den Tagen zuvor? Welche Symbole passen dazu?

Vorbereitung und Gesprächseinstieg

Alle Teilnehmenden haben eine Kopie des farbigen LAVIA Lebensweg- und Trauermodell-Labyrinths vor sich. Die Gesprächsleitung führt in das Thema „Funktionieren“ ein:

Menschen in Krisensituationen benötigen Energie, sowohl um den Alltag zu bewältigen als auch für die anstehenden Veränderungen in ihrem Leben. Der Vergleich mit einem Auto, dessen Motor aus dem Tank Energie erhält, verdeutlicht, wie wichtig es ist, darauf zu achten, dass wir genügend Energie bekommen. Im Auto wird automatisch angezeigt, wenn es Zeit ist für die nächste Tankfüllung, und wir wissen, dass wir bald eine Tankstelle anfahren müssen, damit das Auto nicht stehen bleibt. Ist der Tank tatsächlich bis auf den letzten Tropfen leergefahren, reicht es bei einem Benzinfahrzeug aus, einfach nachzutanken. Ein Dieselmotor hingegen reagiert empfindlicher und es ist sehr wahrscheinlich, dass die Einspritz- und Kraftstoffpumpe des Autos dauerhaft beschädigt wird. Das zieht eine teure Reparatur in der Werkstatt nach sich, mit Nachtanken ist es dann nicht mehr getan. Der menschliche „Motor" reagiert noch sensibler als ein Dieselmotor, er sollte keinesfalls leergefahren werden. Zwar kann auch ein eigentlich erschöpfter Mensch Höchstleistungen erbringen, doch wir wissen alle um die mögliche Konsequenz.

Aktion

Die Fotos von der Tankanzeige und der Zapfsäule liegen auf dem Tisch. Folgende Impulsfragen regen einen Austausch an:

- Ist mir bewusst, dass in Zeiten, in denen ich funktionieren muss, mein Energietank immer neu aufgefüllt werden muss?
- Wie hoch ist mein derzeitiger Verbrauch?
- Welche Tankstellen kenne ich, die mir guten Kraftstoff für mein Leben bieten? Nutze ich sie?
- Woran erkenne ich, bis zu welchem Level mein Energietank gefüllt ist?
- Gönne ich mir hin und wieder „Premium Diesel"?
- Habe ich einen Ersatzkanister und bis wohin ist er gefüllt?
- Kenne ich die Situationen, bei denen ich im Rückblick sage: Klar, da gab es Warnsignale. Mein Körper hat mir angezeigt, dass ich „auf Reserve laufe". Ich hatte Kopfschmerzen, Schlafstörungen, war gereizt … Habe ich auf diese Signale gehört?

Im Anschluss an diesen ersten Austausch erhalten die Teilnehmer:innen eine Skizze eines Benzinkanisters verteilt. Die Gruppenleitung lädt ein, alles hineinzuschreiben oder -zumalen, womit der eigene „Kanister" gefüllt ist und was Energie schenkt. Es folgt ein kurzer Austausch dazu.

Abschließend weist die Gruppenleitung darauf hin, dass ab sofort jede Tankstelle, die im Alltag begegnet, die Frage in uns auslösen darf: „Habe ich heute schon aufgetankt?“

Abschlussritual

Der LAVIA-Gefühlswürfel geht mit der Frage von Hand zu Hand:

- Mit welchem Gefühl gehe ich nach Hause?
- Wo werde ich mein Bild vom Benzinkanister platzieren und was gönne ich mir noch Gutes bis zu diesem Wochenende?

Raus aus dem Hamsterrad und hin zum Windrad

Material

Für jede:n Teilnehmer:in

- Farbausdruck der dritten Ebene des LAVIA Lebensweg- und Trauermodells
- Holzstab als Stiel für das Windrad
- Sticknadel
- 3 Holzperlen, Durchmesser 10 mm
- Bastelschere
- Lineal

Außerdem:

- Origamipapier in verschiedenen Farben im Format 20 x 20 cm
- eine Spule Basteldraht, Stärke 1 mm
- eine Heißklebepistole
- ein Hamsterrad (im Tierhandel erhältlich)
- Stifte

Ablauf

Einstiegsritual

Der LAVIA-Gefühlswürfel geht mit der Frage „Mit welchem Gefühl und Symbol bin ich heute hier?“ von Hand zu Hand.

Oder

Die Symbole aus dem Modell liegen als Kärtchen auf dem Tisch.

- Gibt es ein Symbol, das ausdrückt, wie ich heute hier bin?
- Habe ich seit unserem letzten Treffen etwas erlebt, von dem ich kurz berichten möchte? Welches Symbol suche ich dazu aus?
- Fiel mir in letzter Zeit etwas schwerer oder leichter als in den Tagen zuvor? Welche Symbole passen dazu?

Vorbereitung und Gesprächseinstieg

Alle Teilnehmenden erhalten eine Kopie des farbigen Labyrinths. Die Gruppenleitung erklärt, dass dieses Bild Teilaspekte, Situationen und Aufgaben im Leben aufzeigt und bei diesem Treffen das Thema „Funktionieren" im Mittelpunkt steht.

„Ich fühle mich wie in einem Hamsterrad" – diese Befindlichkeit kennen viele Menschen in Zeiten des Funktionierens. Die Aussage beschreibt einen Zustand, in dem man sich anstrengt, abstrampelt, vorwärtskämpft und hart arbeitet und dennoch das Gefühl hat, auf der Stelle zu treten. Selbst wenn man alles gibt, ändert sich nichts. Das Rad rotiert nur schneller und schneller und man strampelt sich ab bis zur Erschöpfung.

Hamster allerdings laufen nur so lange im Hamsterrad, wie es ihnen Freude macht. Wenn ihr Bewegungsdrang gestillt ist, steigen sie aus – das ist durch Forschungen belegt.

Vielleicht können wir uns die Hamster zum Vorbild nehmen und den Mut haben, zwischendurch einfach aus unserem gefühlten Hamsterrad auszusteigen, wenn wir merken, dass es „genug für heute ist" – um dann zu einem Rad zu wechseln, dass uns tatsächlich guttut: Eine Fahr**rad**tour ins Grüne, **Rad**io hören, eine Runde Riesen**rad** auf dem Rummelplatz fahren, einen **Rad**schlag auf der Wiese machen, ein Pfauen**rad** im Zoo betrachten und jetzt an Ort und Stelle ein Wind**rad** basteln, das wir mit eigenen Wünschen beschreiben und bemalen.

Aktion

Jede:r Teilnehmer:in nimmt sich ein Origami-Papier und schreibt und malt auf die Vorder- und Rückseite des Blattes Dinge, Tätigkeiten, Gedanken etc., die ein gutes Gefühl vermitteln. Während sich anschließend alle darüber austauschen, was ihnen im Krisen-Alltagstrott guttut, wird aus dem Blatt ein Windrad gebastelt.

Anleitung

- In das Quadrat von Ecke zu Ecke die beiden Diagonalen einzeichnen. Immer links von der Linie in den Ecken einen Punkt markieren für die Löcher, durch die später der Nagel gestochen wird.

- Die diagonalen Linien bis ca. 3 cm vor dem Mittelpunkt einschneiden.
- Eine Perle auf den Draht auffädeln und befestigen.
- Die Punkte in den Ecken und den Mittelpunkt mit der Nadel durchbohren. Die Ecken nacheinander zum Mittelpunkt führen und den Draht durchfädeln. Auf der Rückseite zwei weitere Perlen auffädeln und den Draht fest um den Holzstab wickeln.
- Gegebenenfalls den Draht mit einer Heißklebepistole am Holzstab fixieren.

Geschichte

Die Gruppenleitung erzählt eine kleine Bewegungsgeschichte mit integrierten Atemübungen. Vorab weist sie darauf hin, dass es in all dem Funktionieren guttun kann, Unterbrechungen wie u. a. diese Basteleinheit, Bewegung oder auch Atemübungen einzubinden.

Im Raum riecht (müffelt) es nach Hamsterkäfig und Hamsterrad. ***Riecht*** *ihr es auch? Kommt, wir nehmen das Windrad in die Hand und* ***gehen*** *zum großen Doppel-Fenster,* ***öffnen*** *es gleichzeitig mit beiden Händen (Achtung! Das Windrad nicht fallen lassen) und* ***atmen tief*** *durch die Nase die frische Luft ein. Wir* ***recken*** *und* ***strecken*** *uns. Dann* ***gähnen*** *wir feste und lassen* ***Arme und Schultern locker fallen****. Und jetzt nehmen wir unser Windrad hoch und* ***blasen*** *es an. Ein paar Mal* ***kurz*** *und dann* ***ganz lang****. Und noch einmal* ***lang****. Und noch mal … Dann schließen wir die Fenster und* ***schnuppern****, ob es im Raum noch nach einem Hamster im Hamsterrad riecht. Ist er noch da? Nein, der Geruch ist weg und für diesen Trick können wir uns selbst einmal auf die Schulter* ***klopfen****.*

Abschlussritual

Der LAVIA-Gefühlswürfel geht mit der Frage von Hand zu Hand:
- Mit welchem Gefühl gehe ich nach Hause und was davon gönne ich mir noch Gutes bis zu diesem Wochenende?

Es kann (insbesondere Kindern) die Anregung gegeben werden, eine weitere Atem- und Bewegungsgeschichte zu erfinden und zum nächsten Treffen mitzubringen.

Achtung, Baustelle!

Material

- Farbausdrucke der dritten Ebene des LAVIA Lebensweg- und Trauermodells in der Anzahl der Teilnehmenden
- 1-3 Verkehrsleitkegel (Pylone) aus Kunststoff
- kleine weiße Reflektoren
- abwischbare Folienstifte

Ablauf

Einstiegsritual

Der LAVIA-Gefühlswürfel geht mit der Frage „Mit welchem Gefühl und Symbol bin ich heute hier?“ von Hand zu Hand.

Oder

Die Symbole aus dem Modell liegen als Kärtchen auf dem Tisch.

- Gibt es ein Symbol, das ausdrückt, wie ich heute hier bin?
- Habe ich seit unserem letzten Treffen etwas erlebt, von dem ich kurz berichten möchte? Welches Symbol suche ich dazu aus?
- Fiel mir in letzter Zeit etwas schwerer oder leichter als in den Tagen zuvor? Welche Symbole passen dazu?

Vorbereitung und Gesprächseinstieg

Vor allen Teilnehmenden liegt eine Kopie des Labyrinths aus dem LAVIA Lebensweg- und Trauermodell. Die Gesprächsleitung erläutert, dass dieses Bild Teilaspekte, Situationen und Aufgaben im Leben aufzeigt und bei diesem Treffen das Thema „Funktionieren“ im Mittelpunkt steht.

Die Aufgabe Funktionieren ist mit der Signalfarbe Orange an den Beginn der Krisenzeit gesetzt worden. Auch im Alltag, z.B. im Straßenverkehr, gilt Orange als Warnfarbe, die signalisiert, dass Vorsicht geboten ist.

In der Farbpsychologie steht Orange gleichzeitig auch für Kreativität, Vitalität, Lebensfreude, Fröhlichkeit und Humor. Einige Teilnehmende werden sich vielleicht daran erinnern, dass sie im Modus des Funktionierens den Sarg des/der Verstorbenen bemalt oder die Trauerfeier kreativ mitgestaltet haben. Dass sie von selbst oder Menschen in ihrer Umgebung überrascht waren von einem Energieschub oder der Tatsache, dass sie weitermachten, als sei nichts Gravierendes geschehen. Viele neigen auch schon anfangs dazu, Erinnerungen auszutauschen, darüber zu lachen oder auch Scherze zu machen.

Aktion

In der Mitte ist der Pylon aufgestellt. Zu Beginn wird auf seine charakteristischen Eigenschaften hingewiesen:

- Er dient als Absperrung von gefährlichen Verkehrsbereichen und Baustellen.
- Er wird als Wegweiser oder Markierung für eine klare Orientierung verwendet.
- Er ist teilreflektierend und bietet Sicherheit im Dunkeln.

Die Teilnehmenden werden aufgefordert, zu überlegen, wie das Symbol „Pylon“ zu ihrer Trauersituation passen könnte. Hierbei soll auf den Bezug zum Funktionieren hingewiesen werden.

Impulse für den sich anschließenden Gedankenaustausch:

- Würdest du die Krise in deinem Leben als Baustelle bezeichnen, die mit einem Pylon markiert werden soll?
- Stellst du manchmal Abstandshalter um dich herum auf, um in deinem Tun oder Lassen nicht gestört zu werden? Sind die Abstandshalter sicht- oder unsichtbar?
- Bist du vorsichtiger oder ängstlicher geworden und nutzt du ein oder mehrere Pylonen, um dich und andere vor weiteren Gefahren zu schützen?
- Stellen Mitmenschen einen Pylon vor dir auf, um dich zu schützen?
- Bist du schutzbedürftig?
- Stellen Mitmenschen einen Pylon zwischen dir und sich selbst auf, weil es sie irritiert, dass du nicht zusammenbrichst und extrem hilfsbedürftig bist?

- Haben Trauererfahrene dich auf Unfallgefahren hingewiesen und dir mit diesen Pylonen eine Orientierung geboten?
- Übersehen Menschen aus deiner Umgebung deine Schutzvorrichtung oder Absperrung und tun einfach so, als sei nichts Besonderes geschehen?

Einzeln oder in Kleingruppen beschreiben oder bemalen die Teilnehmenden jeweils einen Pylon auf der orangenen Fläche mit abwischbaren Folienstiften mit allem, wovor der Pylon sie schützen soll.

Auf die reflektierende helle Fläche schreiben und malen sie, was ihnen in Zeiten, in denen sie eine „Augen-zu-und-durch-Mentalität" hatten, in der veränderten Lebenssituation Orientierung gegeben hat und was in dunklen Zeiten für sie ein Lichtblick ist.

Der Kegel kann auch als „Denk-mal" in den Räumlichkeiten der Gruppe stehen bleiben, als Impuls zum Betrachten, Nachdenken und Austauschen.

Statt einem echten Pylon kann auch eine Skizze oder ein Foto davon verwendet und beschrieben werden.

Die Teilnehmenden erhalten einen kleinen weißen Reflektor als Symbol für eine Orientierungshilfe in unbekannten Zeiten, um Sicherheit zu bekommen und auch Sicherheit zu bieten.

Abschlussritual

Der LAVIA-Gefühlswürfel geht mit der Frage von Hand zu Hand:

- Mit welchem Gefühl gehe ich nach Hause und was davon gönne ich mir noch Gutes bis zu diesem Wochenende?

Die Rettungsweste

Material

- Farbausdrucke der dritten Ebene des LAVIA Lebensweg- und Trauermodells in der Anzahl der Teilnehmenden
- eine orangefarbene Rettungsweste
- orangefarbene Sicherheitstrillerpfeifen für alle Teilnehmenden
- Skizze einer Rettungsweste

Ablauf

Einstiegsritual

Der LAVIA-Gefühlswürfel (Foto) geht mit der Frage „Mit welchem Gefühl und Symbol bin ich heute hier?“ von Hand zu Hand.

Oder

Die Symbole aus dem Modell liegen als Kärtchen auf dem Tisch.

- Gibt es ein Symbol, das ausdrückt, wie ich heute hier bin?
- Habe ich seit unserem letzten Treffen etwas erlebt, von dem ich kurz berichten möchte? Welches Symbol suche ich dazu aus?
- Fiel mir in letzter Zeit etwas schwerer oder leichter als in den Tagen zuvor? Welche Symbole passen dazu?

Vorbereitung und Gesprächseinstieg

Vor allen Teilnehmenden liegt eine Kopie des Labyrinths aus dem LAVIA Lebensweg- und Trauermodell. Die Gesprächsleitung erläutert, dass dieses Bild Teilaspekte, Situationen und Aufgaben im Leben aufzeigt und bei diesem Treffen das Thema „Funktionieren“ im Mittelpunkt steht.

Viele Menschen können schon früh damit beginnen, eine Krise zu bewältigen, indem sie in den Modus des Funktionierens gehen. „Kopf hoch und weitermachen“, ist eine der Devisen, mit denen sie sich Mut zusprechen. Vorerst wird versucht, zu tun, was getan werden muss: u. a. die Beerdigung oder Trennung organisieren, sich um betreuungsbedürftige Angehörige kümmern, die Finanzen und Wohnsituation klären. Das alles funktioniert am besten, wenn eigene psychische und physische Bedürfnisse zeitweise zurückgestellt werden. Dennoch könnte es wertvoll sein, wenn Menschen, die in einer Krisenzeit für sich und andere funktionieren, eine symbolische Rettungsweste tragen würden – um nicht unterzugehen im Strudel der Trauer, der Bedürfnisse anderer und den notwendigen Aufgaben.

Aktion

In der Mitte liegt eine orangefarbene Rettungsweste. Die Gruppe spricht über die charakteristischen Eigenschaften einer solchen Weste.

Die Gruppenleitung lädt die Teilnehmenden ein zu überlegen, ob einzelne dieser Eigenschaften auch zu ihrer Trauersituation passen, und weist auf den Bezug zum Funktionieren hin.

Eine Rettungsweste

- trägt einen im Wasser, wenn man nicht schwimmen kann oder mag
- hat eine integrierte Kopfstütze
- dreht eine Person im Wasser selbstständig in die Rückenlage, der Kragen hält den Kopf über Wasser, um die Atemwege freizuhalten, auch bei einer Ohnmacht
- hat Leuchtstreifen, um auch in der Dunkelheit gesehen zu werden
- hat eine laute Trillerpfeife, die es ermöglicht, Notsignale abzusetzen

Folgende Impulsfragen können hilfreich sein:

- Eine Rettungsweste trägt dich, sodass du in einer Notsituation keine Energie investieren musst, um dich über Wasser zu halten. Deshalb kannst du dich zwischendurch auch treiben lassen. Sich einfach treiben lassen, nichts mehr tun, obwohl man doch funktionieren wollte … Kennst du diesen Wunsch? Ist oder war er umsetzbar?

- „Immer den Kopf über Wasser halten", ist ein Spruch für Krisenzeiten. Der große Kragen einer Rettungsweste dient tatsächlich dazu, dass der Kopf über Wasser bleibt.
  Wer oder was hilft dir in Extremsituationen, nicht „unterzugehen"?
- Eine Rettungsweste ist eine äußere Sicherheitsvorkehrung bei einem unerwarteten Sturz ins Wasser. Sie schützt dich davor, unterzugehen und zu ertrinken. Wenn du jedoch schwimmen lernen willst, ist sie eher hinderlich.
  Fühlst du dich durch Hilfe von außen unterstützt oder behindert sie dich eher?
- Eine Rettungsweste verlängert den Zeitraum, der zur Verfügung steht, um eine Person zu retten. Sie kann jedoch nicht vor Auskühlung und Kräfteverlust schützen. Genauso kann uns der „Modus des Funktionierens" in einer Stresssituation über gewisse Zeiten retten, aber er schützt uns nicht vor einem Energie- und Kräfteverlust.
  Welche Körpersignale kennst du, die dir deutlich machen, dass du dir Zeit für deine Trauer und Erholung nehmen und nicht nur oberflächlich funktionieren solltest?
- Rettungswesten müssen regelmäßig daraufhin überprüft werden, ob sie noch funktionsfähig sind.
  Lässt du bei dir auch hin und wieder einen Sicherheitscheck durch liebe Menschen oder Mediziner:innen machen? Sprichst du mit anderen Menschen über deine Strategien in der Trauer?
- Rettungswesten haben eine Trillerpfeife, damit der Mensch, der in Not ist, auf sich aufmerksam machen oder Hilfe anfordern kann. Dazu muss er aber auch rechtzeitig und laut pfeifen. Kannst du um Hilfe bitten und das auch deutlich signalisieren?
- Wünschst du dir eine Rettungsweste – und was sollte ihre wichtigste Eigenschaft sein?

Ergänzend kann die Skizze einer Rettungsweste angeboten werden mit der Einladung, hineinzuschreiben oder -zuzeichnen, wer oder was hilft, in schweren Zeiten weiterzumachen.

Nach einem Austausch wird überlegt, ob das Bild sichtbar aufgehängt oder in eine orange Mappe gelegt wird, die als Notfall-

Mappe deklariert wird. Darin können alle Impulse gesammelt werden, auf die in Schwierigkeiten zurückgegriffen werden kann.

Zum Abschluss erhalten alle Teilnehmenden eine orangefarbene Trillerpfeife – als Notrufsignal, wenn das Funktionieren einem selbst zu viel oder zu wenig vorkommt. Das Pfeifen darauf muss geübt werden, denn in der Not muss man laute Signaltöne abgeben, um überhaupt gehört zu werden.

Abschlussritual

Der LAVIA-Gefühlswürfel geht mit der Frage von Hand zu Hand:

- Mit welchem Gefühl gehe ich nach Hause und was davon gönne ich mir noch Gutes bis zu diesem Wochenende?

Es kann abschließend noch ein Trillerpfeifenkonzert gegeben werden – allerdings hält man sich dabei am besten selbst die Ohren zu.

Ansteckblumen als Duftträger

Material

- Ausdruck der dritten Ebene des LAVIA Lebensweg- und Trauermodells in Farbe (Kopiervorlage auf der Homepage)
- Duftöl Lavendel fein (Lavandula angustifolia)
- selbsttrocknender Ton und ein Wellholz
- Ausstechförmchen in Herzform
- Wäscheklammern aus Holz
- bunte Filzplatten, aus denen Filzblumen oder -muster ausgeschnitten werden
- Klebstoff und Scheren

Ablauf

Einstiegsritual

Der LAVIA-Gefühlswürfel geht mit der Frage „Mit welchem Gefühl und Symbol bin ich heute hier?" von Hand zu Hand.

Oder

Die Symbole aus dem Modell liegen als Kärtchen auf dem Tisch.

- Gibt es ein Symbol, das ausdrückt, wie ich heute hier bin?
- Habe ich seit unserem letzten Treffen etwas erlebt, von dem ich kurz berichten möchte? Welches Symbol suche ich dazu aus?
- Fiel mir in letzter Zeit etwas schwerer oder leichter als in den Tagen zuvor? Welche Symbole passen dazu?

Vorbereitung und Gesprächseinstieg

Das ätherische Öl „Lavendel fein" (Lavandula angustifolia) ist in der Aromatherapie eines der wichtigsten und beliebtesten Öle. Wegen seiner umfangreichen Wirkweise gilt es als ein Öl, das vieles und viele zu heilen und zu pflegen imstande ist. Es kann sowohl anregen als auch entspannen. Bei Abgeschlagenheit kann es erfrischen und bei Stress beruhigen. Der Grund dafür ist die große ausgleichende Kraft des Öls, die körperlich und seelisch unterstützend wirken kann. Das Lavendelöl bietet daher für die Zeit des extremen Funktionierens eine unterstützende ausgleichende Wirkung an.

Aktion

Die Gruppenleitung weist auf die umfangreiche Wirkweise des Lavendelöls hin und fragt, ob schon jemand in der Zeit der Trauer Erfahrungen mit Duftölen gesammelt hat. Danach stellt sie die Idee vor, mithilfe einer Wäscheklammer oder einer kleinen Tonform einen wohltuenden Duft immer dabeihaben zu können, ohne dass er z. B. mit der eigenen Kleidung in direkten Kontakt kommt. So können je nach Stimmung verschiedene Öle genutzt werden. Zudem ist nicht ein Kleidungsstück durch einen bestimmten Duft mit einer Situation verknüpft und die Trauernden können aktiv den Duft nutzen oder beiseitelegen.

Für die Duftträger werden aus dem Filz Blumen oder andere Formen ausgeschnitten und auf eine Wäscheklammer aus Holz geklebt. Zusätzlich könnten Herzen aus selbsttrocknendem Ton ausgestochen werden (ein kleines Loch zum Durchfädeln einer Kordel

machen), die nach dem Trocknen zu Hause mit einem Duftöl beträufelt werden.

Während der Aktion können folgende Fragen gestellt werden:

- In welchen Situationen fühle ich mich erschöpft, k.o. und benötige Erfrischung?
- In welchen stressigen Situationen benötige ich Beruhigung?
- Kann ich ein Duftöl mit zur Kita, Schule, zur Arbeit oder an weitere Orte mitnehmen oder werde ich es eher zu Hause nutzen?
- Gibt es eine Person, der ich in der anstrengenden Zeit des Funktionierens einen Duftträger als kleines Geschenk zukommen lassen möchte?

Abschließend geben alle, die mögen, einen Tropfen des Lavendelöls auf ihre Filzblume.

Abschlussritual

Der LAVIA-Gefühlswürfel geht mit der Frage von Hand zu Hand:

- Mit welchem Gefühl gehe ich – auch durch den Duft angeregt – nach Hause und was gönne ich mir noch Gutes bis zu diesem Wochenende?

Sockensuche: ein Kimspiel zum Begreifen

Material

- Farbausdrucke der dritten Ebene des LAVIA Lebensweg- und Trauermodells in der Anzahl der Teilnehmenden
- einen Kniestrumpf pro Teilnehmer:in, jeweils identisch befüllt mit Kleinkram, z. B.: kleine Spritze, Herz, ein kleiner und ein größerer Stern, Schmirgelpapier grob und fein, Radiergummi, Bonbon, Schlüssel, Sicherheitsnadel, zwei verschiedene Legoteile, Tischtennisball, Türschelle, Flaschendrehverschluss, ein Kronkorken, ein Weinkorken, zusammengeknülltes Aluminiumpapier, Edelstein, Kieselstein, ein Stück Paketschnur … Einige Teile dürfen ähnlich aussehen oder sich ähnlich anfühlen.

Ablauf

Einstiegsritual

Der LAVIA-Gefühlswürfel geht mit der Frage „Mit welchem Gefühl und Symbol bin ich heute hier?" von Hand zu Hand.

Oder

Die Symbole aus dem Modell liegen als Kärtchen auf dem Tisch.

- Gibt es ein Symbol, das ausdrückt, wie ich heute hier bin?
- Habe ich seit unserem letzten Treffen etwas erlebt, von dem ich kurz berichten möchte? Welches Symbol suche ich dazu aus?
- Fiel mir in letzter Zeit etwas schwerer oder leichter als in den Tagen zuvor? Welche Symbole passen dazu?

Vorbereitung und Gesprächseinstieg

Alle Teilnehmenden haben eine Kopie des farbigen LAVIA Lebensweg- und Trauermodell-Labyrinths vor sich liegen. Sie erhalten die Erklärung, dass dieses Bild Teilaspekte, Situationen und

Aufgaben im Leben aufzeigt und wir uns heute mit dem Thema „Begreifen“ beschäftigen.

Aktion

Alle Teilnehmenden erhalten einen gefüllten Kniestrumpf. Die Gruppenleitung beginnt damit, in ihrem Strumpf „blind“ einen Gegenstand zu befühlen und ihn zu benennen. Daraufhin suchen alle in ihrem Strumpf ebenfalls „blind“ nach diesem Gegenstand und holen ihn heraus. Alle, die den richtigen Gegenstand entdeckt haben, erhalten einen Punkt, die ersten beiden noch einen Zusatzpunkt. Wer den Gegenstand als Letztes gefunden hat, darf den nächsten Gegenstand bestimmen.

Im Anschluss an das Spiel kann ein Gespräch über das Begreifen mit folgenden Impulsfragen stattfinden:

- Um etwas begreifen zu können, braucht es wie im Spiel eine verständliche Beschreibung. Wie habe ich das erlebt?
- Habe ich selbst den Gegenstand richtig erfasst und beschreiben können?
- Habe ich den anstehenden, aktuellen oder erlebten Verlust in meinem echten Leben außerhalb der Socke nach und nach begreifen können oder kam er von jetzt auf gleich in mein Leben?
- Mit welchen Sinnen habe ich den Verlust begreifen dürfen oder müssen? Hören, fühlen, sehen … Wurde er mir verständlich erklärt?
- Was habe ich in der bisherigen Krisenzeit auch an Gutem begreifen können? Benenne ein bis drei Dinge, Situationen, Menschen …
- Welchen Gegenstand würde ich dem Sockenspiel noch zufügen?

Abschlussritual

Der LAVIA-Gefühlswürfel geht mit der Frage von Hand zu Hand:

- Mit welchem Gefühl gehe ich nach Hause und was gönne ich mir noch Gutes bis zu diesem Wochenende?

Mut zur Lücke

Material

- Farbausdrucke der dritten Ebene des LAVIA Lebensweg- und Trauermodells in der Anzahl der Teilnehmenden
- verschiedene Fotos von Lücken (Zahnlücke, Parklücke, Felsenspalt usw.)
- Skizze eines Hufeisens für alle Teilnehmenden
- Buntstifte

Ablauf

Einstiegsritual

Der LAVIA-Gefühlswürfel geht mit der Frage „Mit welchem Gefühl und Symbol bin ich heute hier?“ von Hand zu Hand.

Oder

Die Symbole aus dem Modell liegen als Kärtchen auf dem Tisch.

- Gibt es ein Symbol, das ausdrückt, wie ich heute hier bin?
- Habe ich seit unserem letzten Treffen etwas erlebt, von dem ich kurz berichten möchte? Welches Symbol suche ich dazu aus?
- Fiel mir in letzter Zeit etwas schwerer oder leichter als in den Tagen zuvor? Welche Symbole passen dazu?

Vorbereitung und Gesprächseinstieg

Vor allen Teilnehmenden liegt eine Kopie des farbigen LAVIA Lebensweg- und Trauermodell-Labyrinths. Die Gruppenleitung erklärt, dass dieses Bild Teilaspekte, Situationen und Aufgaben im Leben aufzeigt und bei diesem Treffen das Thema „Begreifen“ im Mittelpunkt steht. Grün steht für das Begreifen des Verlustes, der in vielen kleinen und großen Lücken im Alltag und in besonderen Momenten deutlich wird.

Bittet man Menschen ohne eigene Verlusterfahrung, die Größe eines Verlustes bzw. die Lücke, die er bei den Nahestehenden hinterlässt, durch den Abstand der Hände voneinander darzustellen, zeigen viele für den Anfang eine große Lücke an, die mit der Zeit immer kleiner wird.

Trauernde Menschen erleben es aber meist anders: Die Lücke wird nach und nach größer, etwa so, wie wenn wir beide Handflächen erst zusammenlegen und sie dann wie einen Trichter öffnen. Jedes Stück Lücke, das zum ersten Male erlebt wird, löst einen neuen Schmerz und neues Vermissen aus: der erste Urlaub allein, das Telefonat oder Gespräch, das nicht stattfinden konnte, der Rat, den man sich wünschen würde, Geburtstage, Feiertage und Familienfeste … Dazu noch viele erwartbare wie unerwartete Alltagskleinigkeiten, die sichtbar machen, dass jemand fehlt. Die Liste ist lang.

Jeder Schmerz setzt wieder neue Prozesse der Trauer frei. Eines Tages werden einige Lücken vielleicht einen Platz auf der Ehrentribüne bekommen, andere Lücken werden nicht mehr wahrgenommen und wieder andere auf unterschiedliche Weise gefüllt.

Es ist jedoch wichtig zu wissen, dass manches Begreifen auch noch lange Zeit nach dem Verlust auftreten kann und darf und ihm auch dann ein Raum der Trauer zusteht.

Aktion

Die Gruppe gemeinsam oder jede:r Teilnehmer:in für sich suchen in der Natur oder im städtischen Umfeld „Lücken“. Diese Lücken werden fotografiert oder mit Worten beschrieben. Danach findet ein Austausch zu den (unten stehenden) Impulsfragen statt.

Alternativ oder wenn das Wetter oder die Umgebung keine Aktion im Freien erlaubt, bringt die Gruppenleitung Fotos von verschiedenen Lücken mit und verteilt sie in der Mitte. Zum Beispiel:

- drei Handtuchhaken mit Namensschildern, an denen zwei Handtücher hängen
- ein leerer Platz am Tisch
- ein leerer Kochtopf
- Jubiläumszahlen 25 und 50
- fehlender Ehering

- Ehebett
- fehlendes Bild an der Wand
- eine Abrisslücke zwischen zwei bestehenden Häusern
- leeres Zimmer, leere Wohnung
- fehlendes Puzzleteil
- ein leeres Hundehalsband
- Riss im Asphalt, aus dem eine Blume wächst
- trockener Baum, in dem eine Rankpflanze blüht

Impulsfragen
- Welches der Lücken-Fotos passt zu meiner derzeitigen Situation?
- Ist mir bewusst, dass ein Trauerschmerz nicht aus dem Nichts, aber durch das Bewusstsein „nicht mehr“ entsteht?
- Welche Lücken habe ich schon begreifen müssen?
- Nehme ich mir die Zeit, Lücken zu beweinen oder mit guten Gedanken zu füllen?
- Wie kann ich mit einer schmerzlichen Lücke, die mir bewusst ist, umgehen, damit Linderung eintreten kann?
- Gibt es eine Lücke, die ich, zumindest derzeit, offenhalten möchte?
- Trifft das Sprichwort „Mut zur Lücke“ auf mich zu?
- Welche Lücken, die sich durch den Verlust auftun, erlebe ich auch als einen neuen Freiraum?

Trauer entsteht, weil ich etwas Geliebtes, Geschätztes und Wertvolles verloren habe. In dem Wort begLÜCKEnd ist auch der Begriff LÜCKE enthalten. Mit welchen dankbaren Rückblicken auf das Verlorene kann ich die Lücke füllen?

Alle Teilnehmenden erhalten ein Foto oder die Skizze eines Hufeisens. In die Lücke des Hufeisens können sie ihre Dankbarkeitsempfindungen hineinschreiben, -malen oder -denken.

Abschlussritual

Der LAVIA-Gefühlswürfel geht mit der Frage von Hand zu Hand:
- Mit welchem Gefühl gehe ich nach Hause, und welche Lücke möchte ich in den kommenden Tagen beweinen und/oder mit guten Gedanken füllen? Wo werde ich das Hufeisenbild platzieren?

Sprudelbad für Trauerheld:innen

Material

- Farbausdrucke der dritten Ebene des LAVIA Lebensweg- und Trauermodells in der Anzahl der Teilnehmenden
- kleine, gerne verschiedene Silikonformen
- Zutaten für 15 Badepralinen: 200 g Natron, 100 g Zitronensäure, 50 g Kartoffelstärke, 45g Milchpulver, 50 g Kakaobutter, 25 g Sheabutter, 25 g Kokosöl, 10 Tropfen ätherisches Öl Petit grain (Citrus aurantium)

Ablauf

Einstiegsritual

Der LAVIA-Gefühlswürfel geht mit der Frage „Mit welchem Gefühl und Symbol bin ich heute hier?“ von Hand zu Hand.

Oder

Die Symbole aus dem Modell liegen als Kärtchen auf dem Tisch.

- Gibt es ein Symbol, das ausdrückt, wie ich heute hier bin?
- Habe ich seit unserem letzten Treffen etwas erlebt, von dem ich kurz berichten möchte? Welches Symbol suche ich dazu aus?
- Fiel mir in letzter Zeit etwas schwerer oder leichter als in den Tagen zuvor? Welche Symbole passen dazu?

Vorbereitung und Gesprächseinstieg

Alle Teilnehmenden erhalten eine Kopie des farbigen LAVIA Lebensweg- und Trauermodell-Labyrinths. Die Gruppenleitung erklärt, dass dieses Bild Teilaspekte, Situationen und Aufgaben im Leben aufzeigt und bei diesem Treffen das Thema „Begreifen“ im Mittelpunkt steht. Grün symbolisiert das Begreifen des Verlustes, der in vielen kleinen und großen Lücken im Alltag und in besonderen Momenten deutlich wird.

Die Gruppenleitung stellt dann das ätherische Öl Petit Grain vor und weist auf seine stimmungsaufhellende und stärkende Wirkung hin. Sie erfragt, ob schon jemand vor oder in der Zeit der Trauer Erfahrungen mit Duftölen gesammelt hat. Sie weist darauf hin, dass Düfte eine unterstützende Wirkung haben können, es aber in erster Linie wichtig ist, dass der Duft dem Einzelnen angenehm ist.

Aktion

Das Sprudelbad für Trauerheld:innen, das in dieser Einheit hergestellt wird, kann für die Badewanne, aber auch als Fuß-, Hand- oder Armbad genutzt werden.

In Verlustzeiten gibt es immer wieder Situationen, in denen die Dimension des Verlustes noch nicht begriffen wird oder man sie bewusst nicht wahrhaben möchte. Nach und nach tauchen dann jedoch Stück für Stück gewissermaßen Puzzleteile auf, die die neue Realität und das Verlorene begreifen lassen. Diese Begreifmomente lösen oft unterschiedliche Gefühle der Trauer aus, sie können schmerzen oder frustrieren. An diesen Tagen könnte ein Voll- oder Teilbad mit einer Zitrusnote stärkend sein, weil es Reizbarkeit, Stress, Unruhe und Nervosität reduzieren und bei Schwere und Mutlosigkeit die Stimmung heben kann.

Die Teilnehmenden wählen sich eine oder unterschiedliche Silikonformen aus, die sie ansprechend finden.

Butter und Öl werden langsam im Wasserbad geschmolzen. Alle trockenen Zutaten werden abgewogen und vermischt und die geschmolzenen Fette und das ätherische Öl dazugegeben und gut verrührt. Die Masse wird anschließend in die Silikonförmchen gepresst und zum Auskühlen und Festwerden zur Seite gestellt.

Während der Herstellung des Sprudelbads können folgende Impulsfragen das Gespräch anregen:

- An welche Begreifmomente kann ich mich erinnern und was hatten sie zur Folge? Reizbarkeit, Schmerz, Traurigkeit, Unruhe, Nervosität oder Ähnliches?
- Wenn man an Sprudel denkt, dann sieht man vor Augen, wie Wasserblasen vom Boden an die Oberfläche steigen. Was steigt in Trauerzeiten in meinem Bewusstsein nach oben, wenn ich es zulasse?
- Bei trauernden Menschen löst etwas, das Freude macht, oft ein schlechtes Gewissen gegenüber dem Verlust aus. Ihnen wird bewusst, dass die vermissten Menschen die Freude und den Genuss nicht mehr miterleben können. Könnte das entspannende Fußbad mir verdeutlichen, wie wohltuend es in Krisen- und Trauerzeiten sein kann, sich selbst zwischendurch eine unbeschwerte Auszeit zum Kraftschöpfen zu gönnen?
- Habe ich mir bewusst eine bestimmte Silikonform für das Sprudelbad ausgesucht und welche „magische" Wirkung verspreche ich mir davon?

Abschlussritual

Der LAVIA-Gefühlswürfel geht mit der Frage von Hand zu Hand:

- Mit welchem Gefühl gehe ich nach Hause und habe ich eine Idee, wann ich mir das Sprudelbad das erste Mal gönne?

Schwere Träume und schöne Träume

Material

- Farbausdrucke der dritten Ebene des LAVIA Lebensweg- und Trauermodells in der Anzahl der Teilnehmenden
- das Lied „Der Traummann Fidibus“ von Gerhard Schöne (Kopie des Textes und Lied zum gemeinsamen Anhören)
- Teesorten zum Träumen (Schlaf schön, Guten Abend Tee, Süße Träume …)
- Federn und kleine Bruchsteine
- Organza-Beutel zum Aufbewahren von Stein und Feder, alternativ ein großes Stofftaschentuch, wasserfeste Stifte, Band und Schere
- Lavendelblüten

Ablauf

Einstiegsritual

Der LAVIA-Gefühlswürfel geht mit der Frage „Mit welchem Gefühl und Symbol bin ich heute hier?“ von Hand zu Hand.

Oder

Die Symbole aus dem Modell liegen als Kärtchen auf dem Tisch.

- Gibt es ein Symbol, das ausdrückt, wie ich heute hier bin?
- Habe ich seit unserem letzten Treffen etwas erlebt, von dem ich kurz berichten möchte? Welches Symbol suche ich dazu aus?
- Fiel mir in letzter Zeit etwas schwerer oder leichter als in den Tagen zuvor? Welche Symbole passen dazu?

Vorbereitung und Gesprächseinstieg

Vor allen Teilnehmenden liegt eine Kopie des farbigen LAVIA Lebensweg- und Trauermodell-Labyrinths. Die Gruppenleitung erklärt, dass dieses Bild Teilaspekte, Situationen und Aufgaben im

Leben aufzeigt und in dieser Einheit das Thema „Begreifen“ im Mittelpunkt steht. Grün symbolisiert Begreifen des Verlustes, der in vielen kleinen und großen Lücken im Alltag und in besonderen Momenten deutlich wird.

Viele Menschen träumen nachts von ihren Verstorbenen. Träume mit schönen, real wirkenden Begegnungen mit den vermissten Menschen werden oft als tröstliche Botschaft empfunden. Andere Träume, die von Krankheit, Abschied und Sterben handeln, empfinden viele Trauernde als belastend.

Träume können im Trauerprozess dabei hilfreich sein, die Gefühle des Verlusts und der Trauer zu erkennen und zu verarbeiten. Belastende Träume können auffordern, sich mit ungelösten Gefühlen oder ungeklärten Situationen auseinanderzusetzen und möglicherweise inneren Frieden zu finden.

Die Träume stehen im LAVIA Lebensweg- und Trauermodell im Kontext des Begreifens, weil viele Trauernde davon berichten, dass sie nach Traumbegegnungen, ganz gleich, ob sie diese als wertvoll oder beängstigend erleben, beim Erwachen traurig werden. Die einen, weil sie begreifen, dass es leider nur ein Traum ist, was sie sich als Realität wünschen. Die anderen, weil sie nun auch in der Nacht und beim Erwachen an die schmerzvolle Realität erinnert werden, die sie vielleicht vergessen möchten.

Aktion

Die Teilnehmenden suchen sich aus den unterschiedlichsten Schlaf- und Träum-gut-Teesorten einen Beutel aus, der anschließend mit heißem Wasser aufgegossen werden kann.

Dann hört sich die Gruppe gemeinsam das Lied „Der Traummann Fidibus“ von Gerhard Schöne an. Der Liedtext liegt dabei allen vor.

Das Lied erzählt von Fidibus, der sich gute Träume für die Menschen ausdenkt. Der Traummann kommt z.B. als Prinz an das Bett von Marie-Susann, aber bevor er ihr einen Ring anstecken kann, endet der Traum abrupt. Ein anderes Mal kommt Fidibus in Gestalt von Robin Hood, er entführt zu einem spannenden Fußballspiel oder überbringt die Botschaft von einem Lotteriegewinn. Aber all diese guten und spannenden Träume kommen nicht zum

Schluss, denn das Weckerklingeln beendet den Schlaf, bevor das traumhafte Ende einsetzt.

Impulsfragen

- Kenne ich es, dass ein wunderschöner Traum abrupt endet und ich erst beim Wachwerden realisiere, dass das Geträumte nicht der Wirklichkeit entspricht?
- Einige Menschen sprechen von Traumbegegnungen. Sie haben das Gefühl, dass ihnen Menschen im Schlaf begegnen und es sich real anfühlt, obwohl es keine wirklich greifbare Begegnung in ihrem Alltag war. Die einen sind dankbar über diese Traumbegegnung, weil sie für sich begreifen, dass da noch eine Verbindung ist. Andere werden traurig, weil sie beim Wachwerden wieder begreifen, was sie verloren haben. Kann ich es beeinflussen, ob ich beim morgendlichen Begreifen nach einem Traum gute oder traurige Gefühle empfinde?
- Schlaf wird von vielen Faktoren beeinflusst, in Krisenzeiten auch durch Sorgen und Ängste. Das Schlaf- und das Wachbewusstsein sind eng miteinander verbunden, da Träume im Schlaf oft unbewusste Krisenzustände widerspiegeln, die am Tag nicht erkannt oder akzeptiert werden. Inwieweit kann mir diese Information eine Hilfe sein, die Schwere der Wirklichkeit auszuhalten und Träume weniger zu fürchten?
- Träume werden von Erfahrungen und Gedächtnisinhalten, aber auch durch aktuelles Geschehen beeinflusst. Deswegen können manche Träume eine Zeit lang immer wieder auftauchen. Sind sie verwirrender und schmerzhafter als zu anderen Zeiten, liegt der Grund meist in der aktuell unklaren und schmerzhaften Lebenssituation. Was könnte mir helfen, vor dem Schlafengehen meine Gedanken zu sortieren, damit die Träume eines Tages wieder unbeschwerter werden?

Nach dem Austausch wählen die Teilnehmenden aus einer Schale einen Stein, eine Feder und einen Organza-Beutel.

Die Gruppenleitung stellt die „Stein-und-Feder-Methode“ vor. Diese Methode kann dabei helfen, am Abend oder zwischendurch Gedanken und Ereignissen Raum zu geben und sie zu sortieren.

Schweres in Ruhe zu bedenken, auch zu beweinen oder zu beschimpfen, kann helfen, die innere Last und den Druck zu verringern. Die guten Gedanken dürfen ebenso bedacht, gelobt und besprochen werden. Durch ihr Erwähnen können sie verinnerlicht werden und dankbar oder fröhlich stimmen.

Folgender Text kann vorgelesen und den Teilnehmenden als Kopie mitgegeben werden.

> Nimm zwischendurch oder am Abend
> den groben Kieselstein aus dem Beutel.
> Halte ihn fest in deiner Hand und bedenke
> oder bespreche dabei,
> was du heute neu oder wiederholt begreifen musstest.
> Was dir heute schwerfiel.
> Was traurig war.
> Was dich vielleicht wütend gemacht hat.
> Presse das, was dich bedrückt, fest in den Stein hinein.
> Dem Stein macht das nichts aus.
> Dann lege ihn ab.
> Spüre nach, wie sich deine Hand nun anfühlt.
> Ist sie etwas leichter geworden?
> Anschließend nimm deine Feder in die Hand
> und überlege, was heute schön war.
> Was fiel dir leicht, leichter als gestern vielleicht?
> Hast du etwas begriffen, was dich dankbar sein lässt?
> Was hat dich lächeln lassen?
> Gibt es etwas, worauf du dich freust?
> Lege die Feder ab und spüre nach, wie es sich in dir anfühlt.
> Lege Stein und Feder in Gottes Hand
> oder einfach so zurück in den Beutel.

Diese Übung kann in Familien oder Gruppen ein wertvolles Abend- oder Abschiedsritual sein, an dem sich alle, Große wie Kleine, beteiligen können.

Abschließend kann, falls es zeitlich und inhaltlich passt, das Lied „Ein Traum“ von Bosse gespielt werden. Es geht darin um die schönen Erlebnisse, die nicht zurückzuholen, aber zu erinnern sind.

Abschlussritual

Der LAVIA-Gefühlswürfel geht mit der Frage von Hand zu Hand:

- Mit welchem Gefühl gehe ich nach Hause und wo lege ich Feder und Stein griffbereit hin?

Happy End für einen Albtraum

Material

- Ausdrucke der dritten Ebene des LAVIA Lebensweg- und Trauermodells in Farbe in der Anzahl der Teilnehmenden
- DIN-A4-Blätter, unterteilt in sechs Felder
- Buntstifte
- fluoreszierendes Druckerpapier
- dunkle Filzstifte

Ablauf

Einstiegsritual

Der LAVIA-Gefühlswürfel geht mit der Frage „Mit welchem Gefühl und Symbol bin ich heute hier?“ von Hand zu Hand.

Oder

Die Symbole aus dem Modell liegen als Kärtchen auf dem Tisch.

- Gibt es ein Symbol, das ausdrückt, wie ich heute hier bin?
- Habe ich seit unserem letzten Treffen etwas erlebt, von dem ich kurz berichten möchte? Welches Symbol suche ich dazu aus?
- Fiel mir in letzter Zeit etwas schwerer oder leichter als in den Tagen zuvor? Welche Symbole passen dazu?

Vorbereitung und Gesprächseinstieg

Vor allen Teilnehmenden liegt eine Kopie des farbigen LAVIA Lebensweg- und Trauermodell-Labyrinths. Die Gruppenleitung erklärt, dass dieses Bild Teilaspekte, Situationen und Aufgaben im Leben aufzeigt und bei diesem Treffen das Thema „Begreifen“ im Zusammenhang mit schlechten Träumen im Mittelpunkt steht.

Sowohl bei Kindern als auch bei Erwachsenen kann das immer intensivere Begreifen des Verlustes alte oder neue Ängste hervorrufen, die sich auch in beängstigenden Tag- und Nachtträumen äußern können.

Aktion

Das Bilderbuch „Antons Albtraum" von Ben Fuhrmann erzählt von einem Jungen, der nicht schlafen will, weil er Angst vor seinen schlechten Träumen hat. Als er bei seiner Oma übernachtet, entspinnt sich zwischen den beiden ein Gespräch darüber. Die Oma sagt, dass es in Wirklichkeit gar keine Albträume gebe, und spricht davon, dass Träume eigentlich immer ein gutes Ende haben, die man aber nicht zu Ende träumen konnte, weil die Aufregung einen geweckt hat. Sie überlegt gemeinsam mit Anton, wie ein schlimmer Traum überraschend gut enden könnte. Die Geschichte endet damit, dass Anton sich auf den Traum freut, weil er selbstwirksam ein gutes Ende herbeiführen möchte. Der angstmachende Traum taucht nicht wieder bei ihm auf, aber sein schönes Ende bleibt Anton als Idee erhalten.

Die in diesem Buch vorgestellte Methode nennt man auch „Imagery-Rehearsal-Therapie" (sinngemäß übersetzt: Einüben von Vorstellungen). Sie wurde in Deutschland an der Universität Düsseldorf wissenschaftlich erforscht und kann gut in einer Begleitung, im Coaching und im Alltag eingesetzt werden.

So wie die Oma Anton empfiehlt, sich ein gutes Ende auszudenken, lädt die Gruppenleitung die Teilnehmenden ein, ihre eigenen Tag- oder Nacht-Albträume zu Ende zu schreiben oder zu malen. Es geht dabei nicht darum, Verstorbene wieder zum Leben zu erwecken oder Trennungen und andere Krisen rückgängig zu machen, sondern darum, sich ein friedlicheres Ende eines beängstigenden Traumes auszumalen. Falls jemand zum Beispiel immer wieder träumt, in größter Not vor einem gefährlichen Monster wegzurennen, das immer näher und näher kommt, kann es hilfreich sein, sich im Wachzustand vorzustellen, dass man im Traum selbst oder mit der Hilfe anderer das angreifende Monster abwehrt, in die Flucht schlägt oder einsperrt. Wer Angst hat, in die Tiefe zu stürzen, landet vielleicht auf einer dicken weichen Wolke, die einen auffängt und weiterschweben lässt, oder auf einem Trampolin, von dem aus man mit voller Kraft in die Höhe springt – vielleicht sogar mit einem dreifachen Salto. Wer sich im Traum wieder ganz akut in der Krisensituation fühlt, könnte sich einen Menschen dazu holen, der unterstützt und die Traurigkeit besser aushalten lässt.

Alle Teilnehmenden erhalten ein Blatt, das in sechs Kästchen gleichmäßig unterteilt ist. Der Traum kann als Bildergeschichte in vier bis fünf Kästchen vereinfacht hineingemalt oder -geschrieben werden. Die übrigen freien Flächen dienen dazu, den Traum positiv oder neutral zu Ende zu erzählen. Das neue Ende des Traums soll auf keinen Fall mehr ein machtloses, beklemmendes oder beängstigendes Gefühl hinterlassen. Die Traumgeschichte darf so lange variiert werden, bis sie ein positives und gelassenes Gefühl erzeugt.

Diese Methode zeigt bei vielen Menschen jeden Alters große Wirkung und funktioniert mit jedem Albtraum und jeder Angstfantasie am Tag. Die „Geschichten" können immer wieder neu und individuell angepasst werden.

Wer mag, kann die eigene Bildergeschichte anschließend vorstellen. Die Gruppenleitung weist darauf hin, dass es von Vorteil ist, die neue Traumgeschichte so oft wie möglich zu erzählen und zu betrachten. Sich der Angst entgegenzustellen, bewirkt meistens, dass diese kleiner wird oder sogar ganz verschwindet.

Impulse für den Austausch:

- Meist begreift man nicht sofort, was es bedeutet, wenn etwas ganz Trauriges passiert ist. Manchmal hat man eine Ahnung davon, ein komisches Gefühl, dass sich etwas ändern wird, aber es ist noch nicht klar, was nun weiter passiert. Dieses Gefühl kann im Tag- oder Nachttraum als gruselige Geschichte auftauchen. Kann ich mir vorstellen, ein Heft neben mein Bett zu legen, in das ich meinen Traum zu Ende male, schreibe oder mir die Traumgeschichte selbst mit einem „Happy End" erzähle?
- Manchmal tauchen im Traum auch Bilder auf, die man in echt gesehen hat und einen an die vergangene traurige Situation erinnern. Kann ich mir vorstellen, dass ich mit dem Traumbild sprechen und ihm wie einem kleinen Kind erklären kann, was damals passiert ist? Kann ich mir vorstellen, dem Traumbild zu

sagen, was ich davon in Erinnerung behalten möchte oder was ich in der Situation am liebsten anders hätte?

- Alle Teilnehmenden erhalten einen Streifen fluoreszierendes Druckpapier. Darauf können sie sich mit einem dunklen Filzstift einen Mutmach-Satz, ein beruhigendes Wort oder ein wohltuendes Symbol malen oder schreiben. Es kann vor dem Einschlafen neben die Nachttischlampe gelegt werden und beim Einschlafen beruhigend wirken, weil der Text oder das Symbol auf dem in der Dunkelheit leuchtenden Papier trösten kann.

Abschlussritual

Der LAVIA-Gefühlswürfel geht mit der Frage von Hand zu Hand:

- Mit welchem Gefühl gehe ich nach Hause, und wo hänge ich meine Traumgeschichte hin, damit ich sie immer wieder lesen kann?

Spiel mit Gegensätzen

Material

- Farbausdrucke der dritten Ebene des LAVIA Lebensweg- und Trauermodells in der Anzahl der Teilnehmenden
- Buntstifte
- blanko Memo-Karten oder in kleine Quadrate geschnittener Bastelkarton, um ein Kartenspiel mit Gegensätzen in Wort und/ oder Bild selbst herzustellen

Ablauf

Einstiegsritual

Der LAVIA-Gefühlswürfel geht mit der Frage „Mit welchem Gefühl und Symbol bin ich heute hier?“ von Hand zu Hand.

Oder

Die Symbole aus dem Modell liegen als Kärtchen auf dem Tisch.

- Gibt es ein Symbol, das ausdrückt, wie ich heute hier bin?
- Habe ich seit unserem letzten Treffen etwas erlebt, von dem ich kurz berichten möchte? Welches Symbol suche ich dazu aus?
- Fiel mir in letzter Zeit etwas schwerer oder leichter als in den Tagen zuvor? Welche Symbole passen dazu?

Vorbereitung und Gesprächseinstieg

Alle Teilnehmenden erhalten eine Kopie des farbigen LAVIA Lebensweg- und Trauermodell-Labyrinths. Die Gruppenleitung erklärt, dass dieses Bild Teilaspekte, Situationen und Aufgaben im Leben aufzeigt und in dieser Einheit das Thema „Akzeptieren“ im Mittelpunkt steht.

In der Mitte liegen drei vorbereitete Memo-Kartenpärchen offen aus und laden zum Gespräch darüber ein, dass es das eine ohne das andere – manchmal glücklicherweise, manchmal leider – meist nicht gibt.

Diese Erfahrung machen viele Trauernde auch in ihrem Alltag: Es ist gut, wieder arbeiten zu gehen, in den Urlaub zu fahren, manche alten Fäden aufzunehmen – und es ist gleichzeitig schwer, es alleine zu tun. Es ist schön, an einem gemeinsamen Ort zu sein, Erinnerungsstücke in die Hand zu nehmen, Bilder anzuschauen – und es kann zur selben Zeit schmerzhaft sein. Es ist heilsam, mit anderen wieder lachen zu können, Pausen in der Trauer zu erleben – und es kann sich unwirklich und manchmal auch ein bisschen falsch anfühlen oder vom Lachen ins Weinen kippen.

Aktion

Die schon vorbereiteten Memo-Karten werden ausgelegt oder die Karten werden mit den Teilnehmenden zusammen gestaltet, bevor das Spiel beginnt.

Mögliche Wort- bzw. Bildpaare

- leicht/schwer oder Feder/Stein
- kurz/lang
- groß/klein oder Kind/Erwachsener
- hell/dunkel oder Tag/Nacht
- schwarz/weiß
- Sonne/Regen
- fröhlich/traurig
- Leben/Tod
- bekannt/unbekannt
- alt/neu
- dick/dünn
- dumm/klug
- eng/weit
- nah/entfernt
- gesund/krank
- nass/trocken
- weich/hart
- kalt/warm
- müde/wach

- schwach/stark
- süß/sauer
- offen/geschlossen
- leer/voll
- gut/schlecht
- 0%/100%
- Glück/Unglück

Die Teilnehmenden decken reihum zwei Karten auf mit dem Ziel, die passenden Gegensatzpaare zu finden. Wird ein Kartenpaar aufgedeckt, kann ein kurzer Austausch darüber stattfinden, ob die Begriffe bzw. Symbole auf diesem Kartenpaar in der Trauerzeit, insbesondere beim Akzeptieren, ein Thema sind oder waren.

Noch vorhandene leere Memo-Karten können mit weiteren Gegensätzen beschrieben oder bemalt werden.

Impulsfrage

- „Gegensätze ziehen sich an", heißt es in einer Redewendung. Kann ich dem zustimmen?
- Was musste ich in Krisenzeiten schon als Gegensatz zum Leben „vorher" begreifen?
- Was wäre das eine ohne das andere? Lebenswerter, undenkbar oder langweiliger?
- Es gibt im Leben nicht nur Schwarz und Weiß, sondern mindestens 50 Grau-Schattierungen dazwischen. Was braucht es, damit mir Kompromisse leichter fallen?

Abschlussritual

Der LAVIA-Gefühlswürfel geht mit der Frage von Hand zu Hand:

- Mit welchem Gefühl gehe ich nach Hause und was gönne ich mir noch Gutes bis zu diesem Wochenende?

Die kluge Eule

Material

- Farbausdrucke der dritten Ebene des LAVIA Lebensweg- und Trauermodells in der Anzahl der Teilnehmenden
- Zedernöl (Cedrus atlantica)
- violetter Filzstoff
- Zeichenvorlage einer Eule
- Stoffmalstifte
- Schere
- Bügeleisen
- alternativ zur Filzvorlage: Zedernholzringe und Stifte zum Verzieren
- violettes Lederband als Kette

Ablauf

Einstiegsritual

Der LAVIA-Gefühlswürfel geht mit der Frage „Mit welchem Gefühl und Symbol bin ich heute hier?" von Hand zu Hand.

Oder

Die Symbole aus dem Modell liegen als Kärtchen auf dem Tisch.

- Gibt es ein Symbol, das ausdrückt, wie ich heute hier bin?
- Habe ich seit unserem letzten Treffen etwas erlebt, von dem ich kurz berichten möchte? Welches Symbol suche ich dazu aus?
- Fiel mir in letzter Zeit etwas schwerer oder leichter als in den Tagen zuvor? Welche Symbole passen dazu?

Vorbereitung und Gesprächseinstieg

Die Gruppenleitung erfragt, ob schon jemand Erfahrung vor oder in der Zeit der Trauer mit Duftölen gesammelt hat. Dabei sollte darauf hingewiesen werden, dass Düfte eine unterstützende Wirkung haben können, es jedoch in erster Linie wichtig ist, dass der Duft dem Einzelnen angenehm ist.

Wenn sich im Leben große Veränderungen vollziehen, wenn Gewohntes losgelassen werden muss, damit man auf Neues und Unbekanntes zugehen kann, werden häufig Ängste und Abwehr ausgelöst. Nicht immer kann man sich allen Veränderungen widersetzen, manche Dinge ereignen sich einfach, ohne dass wir sie beeinflussen können.

Zedernholzöl wird oft mit beruhigenden und erdenden Eigenschaften in Verbindung gebracht. Es kann innere Ruhe und Ausgeglichenheit stärken. So kann es zu einer entspannteren Atmosphäre beitragen, die es erleichtert, unliebsame Situationen, Lebensphasen und Herausforderungen zu akzeptieren.

Aktion

Die Teilnehmenden zeichnen eine Eule auf den violetten Filz (frei oder mithilfe der Vorlage), gestalten sie mit den Stoffmalstiften aus und schneiden sie aus. Um die Stoffmalfarbe zu fixieren, muss der Filz auf der Rückseite heiß gebügelt werden.

Alternativ kann ein Zedernholzring mit wasserfesten Farben verziert werden.

Mit einem violetten Band wird die Filzeule oder der Holzring zur Kette oder zum Armband.

Abschließend wird auf den Filz oder den Holzring ein Tropfen Zedern-Öl gegeben.

Impulsfragen

- Die Eule symbolisiert u. a. Weisheit, Klugheit und Einsicht. Diese Eigenschaften können in Verlustzeiten, wo es vor allem um das Annehmen, Aushandeln oder Ablehnen von Veränderungen geht, provokant wirken. Kann ich mich dennoch an Situationen erinnern, in denen mir diese Eigenschaften hilfreich waren, Kraft gegeben haben oder in denen ich dies benötigt hätte?
- Manche Außenstehenden erwarten von Trauernden, dass sie den Verlust „nun endlich“ akzeptieren. Kann ich bei unpassenden Sprüchen, wie z.B. „Langsam muss es doch mal gut sein!?“

innerlich oder äußerlich Ruhe bewahren? Was könnte mir außer dem Duftöl noch Gelassenheit verschaffen?

- Festzustellen, dass man den Verlust nicht verhindern kann und man sich mit etwas auseinandersetzen muss, was keine eigene Entscheidung war, verunsichert viele Menschen. Zedern-Öl soll das Selbstvertrauen und den Mut in schweren Zeiten stärken. In welchen Situationen werde ich das Öl auf der Filz-Eule oder der Kette mit dem Zedernholzanhänger als Kraftsymbol nutzen?

Abschlussritual

Der LAVIA-Gefühlswürfel geht mit der Frage von Hand zu Hand:

- Mit welchem Gefühl gehe ich nach Hause und was werde ich mir noch bis zum Wochenende Gutes gönnen?

Kreisende Gedanken

Material

- Farbausdrucke der dritten Ebene des LAVIA Lebensweg- und Trauermodells in der Anzahl der Teilnehmenden
- viele Buchstabensteine (z.B. die Spielsteine von „Scrabble" o. Ä.)
- Kopien der Texte von Barbara Pachl-Eberhart und Reinhold Niehbur (siehe unten) für alle Teilnehmenden

Ablauf

Einstiegsritual

Der LAVIA-Gefühlswürfel geht mit der Frage „Mit welchem Gefühl und Symbol bin ich heute hier?" von Hand zu Hand.

Oder

Die Symbole aus dem Modell liegen als Kärtchen auf dem Tisch.

- Gibt es ein Symbol, das ausdrückt, wie ich heute hier bin?
- Habe ich seit unserem letzten Treffen etwas erlebt, von dem ich kurz berichten möchte? Welches Symbol suche ich dazu aus?
- Fiel mir in letzter Zeit etwas schwerer oder leichter als in den Tagen zuvor? Welche Symbole passen dazu?

Vorbereitung und Gesprächseinstieg

Vor allen Teilnehmenden liegt eine Kopie des farbigen LAVIA Lebensweg- und Trauermodell-Labyrinths. Die Gruppenleitung erklärt, dass dieses Bild Teilaspekte, Situationen und Aufgaben im Leben aufzeigt und in dieser Einheit das Thema „Akzeptieren" im Mittelpunkt steht.

Bei „außerfahrplanmäßigen" Veränderungen im Leben gibt es immer die Momente, in denen man sich mit neuen Gegebenheiten arrangieren und sich neu positionieren muss. Manchmal möchte man es nicht und es stellt sich immer wieder die Frage nach dem Warum.

Aktion

In der Mitte liegt das Wort „WARUM“ aus Buchstabensteinen gelegt.

Die Teilnehmenden werden aufgefordert, mit den übrigen Buchstaben Begriffe zu legen oder zu benennen, die sie mit der Frage „Warum?“ in Krisenzeiten verbinden. Reihum lesen die Teilnehmenden ihre Begriffe vor und erklären, was sie ihnen bedeuten.

Danach wird der Text von Reinhold Niebuhr vorgelesen, den er 1941 geschrieben hat:

> „Father, give us courage to change what must be altered,
> serenity to accept what cannot be helped,
> and the insight to know the one from the other.“

> „Gott, gib mir die Gelassenheit, Dinge hinzunehmen,
> die ich nicht ändern kann, den Mut, Dinge zu ändern,
> die ich ändern kann, und die Weisheit,
> das eine vom anderen zu unterscheiden.“

Folgende Impulsfragen können in den Austausch führen:

- Wo habe ich schon einmal zuvor gedacht: „Warum? Ich will das nicht!" und dann doch eine gute Lösung für mich gefunden?
- Welche guten Gründe gibt es, bei der alten Gewohnheit/dem alten Plan zu bleiben?
- Nicht nur ich selbst, sondern auch Freunde, Arbeitgeber, Familie und weitere erleben, dass ich mich durch den Verlust verändert habe. Kann mein Umfeld das akzeptieren?
- Wir sind schlimmen Umständen durch einen Verlust nicht für immer hilflos ausgeliefert, sondern können sie ändern und für neue Gelegenheiten nutzen. Hast du das schon einmal erlebt?
- Solange man im Widerstand gegen eine unabkehrbare Sache ist, wird man selbst und das enge Umfeld nicht zur inneren Ruhe kommen und mit Gott und der Welt hadern. Akzeptieren bedeutet aber auch nicht, dass etwas Ungewolltes gutgeheißen wird. Was könnte das für mich bedeuten?
- Benötige ich mehr von der Art Gelassenheit, die Reinhold Niebuhr in seinem Text beschreibt?
- Ist mir bewusst, dass es auch Selbstliebe und -akzeptanz bedeuten kann, eine Erwartung, die in Krisenzeiten an mich herangetragen wird, abzulehnen?
- Was würde ich meinen besten Freunden raten, wenn sie in einer ähnlichen Situation wären wie ich jetzt?
- Könnte das Wortspiel Ge(h)-lassen bedeuten, dass ich die kreisenden Gedanken verlassen kann, indem ich etwas von meinem eigenen Hadern zurücklasse?

Abschließend wird ein Text von Barbara Pachl-Eberhart vorgelesen:

> *„Liebes Warum, kann es sein, dass du in unser Leben getreten bist, um unsere Entwicklung voranzutreiben? Hast du dich als die große Unbekannte verkleidet, damit wir dich auf möglichst vielfältige Weise ergründen und dabei, wie aus Versehen, viel mehr finden als nur simple Antworten? Mit deiner Hilfe erlernen wir die Sprache der Trauer, die Sprache des Glaubens, die Sprache eines neuen Lebens. […]"*

Abschlussritual

Die Teilnehmenden erhalten die Texte von Reinhold Niebuhr und Barbara Pachl-Eberhart zum Mitnehmen.

Der LAVIA-Gefühlswürfel geht mit der Frage von Hand zu Hand:

- Mit welchem Gefühl gehe ich nach Hause und was gönne ich mir noch Gutes bis zu diesem Wochenende?

Heilsame Fragen

Material

- Ausdruck der dritten Ebene des LAVIA Lebensweg- und Trauermodells in Farbe in der Anzahl der Teilnehmenden
- Karten mit Afformationen
- linierte Schreibhefte in der Anzahl der Teilnehmenden

Ablauf

Einstiegsritual

Der LAVIA-Gefühlswürfel geht mit der Frage „Mit welchem Gefühl und Symbol bin ich heute hier?“ von Hand zu Hand.

Oder

Die Symbole aus dem Modell liegen als Kärtchen auf dem Tisch.

- Gibt es ein Symbol, das ausdrückt, wie ich heute hier bin?
- Habe ich seit unserem letzten Treffen etwas erlebt, von dem ich kurz berichten möchte? Welches Symbol suche ich dazu aus?
- Fiel mir in letzter Zeit etwas schwerer oder leichter als in den Tagen zuvor? Welche Symbole passen dazu?

Vorbereitung und Gesprächseinstieg

Vor allen Teilnehmenden liegt eine Kopie des farbigen LAVIA Lebensweg- und Trauermodell-Labyrinths. Die Gruppenleitung erklärt, dass dieses Bild Teilaspekte, Situationen und Aufgaben im Leben aufzeigt und es in dieser Einheit um Afformationen zum Thema „Akzeptieren“ geht.

In Krisen- und Trauersituationen stellen wir uns unwillkürlich viele Fragen. Unser Gehirn ist darauf programmiert, sich auf die Suche nach Antworten zu machen, sobald wir uns eine Frage stellen. In Krisenzeiten sind die Fragen in unserem Kopf häufig allerdings sehr problemorientiert, negativ und mit Selbstvorwürfen behaftet: Wie konnte ich das nur übersehen? Warum kann ich das nicht? Warum habe ich nicht …? Wieso passiert das immer mir? Wieso gelingt es mir nicht, …? usw.

Diese inneren Dialoge sind wenig hilfreich und heilungsförderlich und im Endeffekt nähren sie das Problem. Man stellt sich immer wieder dieselben negativen Fragen und das Unterbewusstsein liefert dazu verlässlich die passenden Gefühle und weitere Ereignisse, die diese Gefühle bestätigen.

Versucht man, diesen Fragen mit positivem Denken und Affirmationen entgegenzuwirken – „Ich bin glücklich", „Ich entspanne mich", „Ich übernehme die Verantwortung", „Ich kann das", tritt leicht die Schwierigkeit auf, dass wir diesen positiven Aussagen (noch) keinen Glauben schenken können, da sie sich nicht mit unserer Realität decken und wir auch nicht wissen, wie wir (jemals) dahin kommen sollten. Im schlimmsten Fall werden damit sogar Selbstvorwürfe genährt. Um das zu verhindern, hat der amerikanische Coach Noah St. John die Idee der sogenannten Aff*o*rmationen entwickelt.

Afformationen sind im Gegensatz zu Affirmationen positive Fragen, die darauf abzielen, den Fokus von negativen Gedanken und Schmerz hin zu positiven Aspekten und Möglichkeiten in Frageform zu lenken. Afformationen verändern die Perspektive. Statt sich zum Beispiel auf die Frage „Warum bin ich so traurig?" zu konzentrieren, könnte man fragen: „Wie fühlt es sich an, Trost und Unterstützung zu finden?"

Mit diesen konstruktiven, positiven und aufbauenden Fragen fordern wir unser Unterbewusstsein auf, nach einer lösungsorientierten Antwort zu suchen. Indem man sich neue und andere Fragen stellt, erhält man automatisch andere Antworten. Antworten, die Möglichkeiten öffnen, an die man eventuell noch nie gedacht hat.

Mithilfe von Afformationen können Trauernde konstruktiv nach Antworten suchen, die Hoffnung, Trost, Heilung und persönliches Wachstum fördern. Afformationen helfen dabei, Gedankenmuster zu verändern, negative Selbstgespräche zu überwinden und den Fokus auf Möglichkeiten zur Bewältigung der Trauer zu richten. Sie können dazu beitragen, Selbstmitgefühl, Dankbarkeit,

Akzeptanz und Resilienz zu stärken, während man den Schmerz der Trauer verarbeitet.

Es ist allerdings wichtig zu beachten, dass Afformationen keine sofortige Lösung bieten, sondern ein Werkzeug sind, um den Prozess der Trauerarbeit zu unterstützen und positive Veränderungen im Denken und im emotionalen Wohlbefinden zu fördern.

Falls es zunächst schwerfällt, die Afformationen in der bestehenden Form zu nutzen, weil der Richtung der Frage nicht geglaubt werden kann, ist die Formulierung „Wenn ich genau wüsste …" eine hilfreiche Brücke. Zum Beispiel: Statt „Wie kann mein Leben wieder anders gut sein?", würde die Afformation lauten: „Wenn ich genau wüsste, dass mein Leben wieder anders gut wird, wie wäre das?"

Diese Beschreibung und die im nächsten Schritt folgenden Afformationen sind dem Kartenset von „endl*ich* sein" von Barbara Nepp entnommen. Die Afformationen zum Thema „Akzeptieren" können im spiralförmigen Schriftzug auf der Lavia-Homepage heruntergeladen werden. Das Kartenset zu allen sechs Aufgaben aus dem LAVIA Lebensweg- und Trauermodell kann bei Barbara Nepp bezogen werden. (Kontaktdaten siehe Anhang)

Aktion

Die Afformationskarten liegen verdeckt in der Mitte und werden von den Teilnehmenden reihum aufgenommen und vorgelesen. Oder sie liegen offen und die Teilnehmenden wählen eine Karte aus, die gerade besonders passend erscheint.

Es ist wertvoll, die Worte auf sich wirken zu lassen und diese bewusst wahrzunehmen. Lautes Vorlesen unterstützt den Prozess. Der spiralförmig angeordnete Text führt dazu, dass der Inhalt etwas langsamer, aber auch intensiver und mit mehreren Sinnesebenen wahrgenommen werden kann.

Anschließend kann die Afformation reflektiert und beantwortet werden. Es ist nicht notwendig, sofort eine klare Antwort zu finden. Unser Unterbewusstsein macht sich von ganz allein weiter auf die Suche nach Möglichkeiten und Antworten.

Ein Gedankenaustausch zu einem späteren Zeitpunkt kann angeregt werden.

Afformationen

- Warum liebe und akzeptiere ich mich, auch mit meiner Traurigkeit?
- Warum ist für mich hilfreich, dass ich weiß, dass in der Natur alles einen Kreislauf bildet und immer in Bewegung ist?
- Warum bin ich dankbar für mein Leben mit all seinen Höhen und Tiefen?
- Wie fühlt es sich an, wenn ich einfach mal so bin, wie ich mich fühle?
- Warum ist es o.k., trotz des Verlusts (wieder) glücklich zu sein?
- Wie habe ich gelernt, auch schwierige Situationen in meinem Leben auszuhalten?
- Wie fühlt es sich an, trotz der Traurigkeit gute Gefühle in mir zu haben?
- Warum freue ich mich auf meine Zukunft?
- Warum weiß ich, dass dankbar sein eine Entscheidung ist?
- Warum geht es mir gut, wenn ich Ausgleich im Spiel oder im Sport, draußen oder drinnen finde?
- Wie ist es mir gelungen, all das anzunehmen, was mir widerfahren ist und die Verantwortung für mein eigenes Leben zu übernehmen?
- Wie fühlt es sich an, mich ganz auf meine Trauer und auch auf mein neues Leben einzulassen?

Zum Abschluss des Treffens erhalten die Teilnehmenden ein liniertes Schreibheft, mit der Einladung, sich ein eigenes Afformations-Journal anzulegen. Sie können die positiv formulierten Fragen, die für sie von Bedeutung sind, darin aufschreiben und mit eigenen positiven Fragen ergänzen.

Diese Fragen können regelmäßig oder wiederholt genutzt werden. Wenn man beginnt, sich mit Afformationen auseinanderzusetzen, ist oft zu beobachten, dass immer weitere Ideen entstehen und der innere Dialog dadurch positiv beeinflusst wird.

Abschlussritual

Der LAVIA-Gefühlswürfel geht mit der Frage von Hand zu Hand:

- Mit welchem Gefühl gehe ich nach Hause und was gönne ich mir noch Gutes bis zu diesem Wochenende?

Der Trauerhut

Material

- Farbausdrucke der dritten Ebene des LAVIA Lebensweg- und Trauermodells in der Anzahl der Teilnehmenden
- größerer Spiegel
- verschiedene Hüte und Mützen, z. B. Kappe, Zylinder, Ritterhelm, Sturmhaube, Motoradhelm, Pudelmütze, Regenhut, Schlafmütze, Uschanka, Wintermütze mit Ohrenklappen, Kopftuch, Sonnenhut, Clownsmütze, Polizeikappe, Beanie, Hoodie, Duschhaube, Kochmütze, Trachtenhut usw.
- Zeitungspapier
- breites Kreppklebeband
- Tacker
- bunte Papiere, Farben, Bänder, Kunstblumen o. Ä.

Ablauf

Einstiegsritual

Der LAVIA-Gefühlswürfel geht mit der Frage „Mit welchem Gefühl und Symbol bin ich heute hier?“ von Hand zu Hand.
Oder
Die Symbole aus dem Modell liegen als Kärtchen auf dem Tisch.

- Gibt es ein Symbol, das ausdrückt, wie ich heute hier bin?
- Habe ich seit unserem letzten Treffen etwas erlebt, von dem ich kurz berichten möchte? Welches Symbol suche ich dazu aus?
- Fiel mir in letzter Zeit etwas schwerer oder leichter als in den Tagen zuvor? Welche Symbole passen dazu?

Vorbereitung und Gesprächseinstieg

Vor allen Teilnehmenden liegt eine Kopie des farbigen LAVIA Lebensweg- und Trauermodell-Labyrinths. Die Gruppenleitung erläutert, dass dieses Bild Teilaspekte, Situationen und Aufgaben im Leben aufzeigt und in dieser Einheit das Thema „Trauergefühle und Trauerhüte“ im Mittelpunkt steht.

Ritter im Mittelalter trugen im Kampf eine schützende Rüstung mit Helm. Betraten sie einen Raum, nahmen sie den Helm ab – es war ein Ausdruck des Vertrauens, denn in diesem Moment war ihr Kopf ungeschützt.

Eine Kopfbedeckung als Schutz oder Signal im Chaos der Gefühle könnte auch Trauernden an manchen Tagen willkommen sein. Und je nach Stimmung würden Mützen, Hüte oder Kappen vielleicht auch wechselweise getragen werden.

Aktion

Alle Kopfbedeckungen liegen sichtbar in der Mitte. Wut, Ärger, Angst, Trauer, Freude, Scham, Schuld und weitere Gefühle, die den Teilnehmenden einfallen, werden nacheinander benannt. Welche Kopfbedeckung könnte zu welchem Gefühl passen? Und wie fühlt es sich an, diesen Hut oder jene Mütze zu tragen?

Die Teilnehmenden werden zum Ausprobieren und Zuordnen eingeladen.

Impulsfragen

- Verkleide oder verstecke ich mich manchmal in der Trauerzeit unter einem Hut, damit man mich nicht erkennt?
- Setze ich mir selbst einen Hut auf oder machen es andere bei mir? (Bedeutung „Hut aufsetzen“: Verantwortung übernehmen oder zugeteilt bekommen)
- Welche Kopfbedeckungen würdest du gerne nach Lust und Laune nutzen?
- War dir so ein Bekleidungs-Schutz schon einmal hilfreich?
- Wechseln manchmal deine Gefühle, sodass es gut wäre, du hättest eine Auswahl an Kopfbedeckungen, die dir dann gut täten?

Nach dem Austausch basteln und verzieren die Teilnehmenden eigene Hüte aus Zeitungspapier. Eine Anleitung dazu findet man z. B. hier: https://kurzelinks.de/n9ux

Impulsfragen für ein Gespräch während des Bastelns:

- Durch wen oder was fühle ich mich behütet?
- Welche Art von Hut möchte ich herstellen, z. B. einen Gute-Laune-Hut oder einen Schutzhut?
- Wenn es sehr warm ist, kann eine Sonnenkappe dazu dienen, einen kühlen Kopf zu bewahren. Benötige ich in Trauerzeiten einen kühlen Kopf oder auch Coolness?
- Hüte werden oft als modisches Accessoire getragen und können einen persönlichen Stil unterstreichen. Wie wichtig ist mir meine Außenwirkung? Hat sich das in der Trauer verändert?
- In bestimmten Berufen muss man aus Sicherheitsgründen einen Helm oder speziellen Hut tragen. In Krisenzeiten spricht man auch davon, dass bestimmte Gedanken und Gefühle Kopfzerbrechen bereiten. Kommt dir die Beschreibung bekannt vor und welche Kopfbedeckung könnte dir dann hilfreich sein?

Abschließend kann das Hutmodell einen Namen bekommen und eine „Modenschau“ stattfinden.

Abschlussritual

Der LAVIA-Gefühlswürfel geht mit der Frage von Hand zu Hand:

- Mit welchem Gefühl gehe ich nach Hause, welcher Hut passt nun im Augenblick zu mir und was gönne ich mir noch Gutes bis zu diesem Wochenende?

Trauergewässer

Material

- Farbausdrucke der dritten Ebene des LAVIA Lebensweg- und Trauermodells in der Anzahl der Teilnehmenden
- verschiedene Fotos von Gewässern
- Straßenmalkreide

Ablauf

Einstiegsritual

Der LAVIA-Gefühlswürfel geht mit der Frage „Mit welchem Gefühl und Symbol bin ich heute hier?“ von Hand zu Hand.

Oder

Die Symbole aus dem Modell liegen als Kärtchen auf dem Tisch.

- Gibt es ein Symbol, das ausdrückt, wie ich heute hier bin?
- Habe ich seit unserem letzten Treffen etwas erlebt, von dem ich kurz berichten möchte? Welches Symbol suche ich dazu aus?
- Fiel mir in letzter Zeit etwas schwerer oder leichter als in den Tagen zuvor? Welche Symbole passen dazu?

Vorbereitung und Gesprächseinstieg

Vor allen Teilnehmenden liegt eine Kopie des farbigen LAVIA Lebensweg- und Trauermodell-Labyrinths. Die Gruppenleitung erklärt, dass dieses Bild Teilaspekte, Situationen und Aufgaben im Leben aufzeigt und in dieser Einheit das Thema „Trauerpfützen und größere Tränen-Gewässer“ im Mittelpunkt steht.

Weil Kindertrauer situativ auftaucht, wird sie häufig mit Regenpfützen verglichen. Je jünger Kinder sind, desto weniger begreifen sie kognitiv das Ausmaß eines Verlustes. Solange ihnen nicht direkt bewusst ist, dass jemand oder etwas fehlt, scheinen sie unbeschwert mit dieser veränderten Situation umzugehen. Nur in dem Moment, in dem der Verlust für sie greif- und spübar wird, sind sie traurig – so lange, bis das Leben sie durch eine andere Situation oder Tätigkeit wieder ablenkt. Grundsätzlich ist es bei Jugendlichen und Erwachsenen ähnlich, nur dass ihre „Trauerpfützen“ größer sind oder gar zu einem Teich oder See anwachsen können, weil sie den Verlust nicht nur im Hier und Jetzt, sondern auch rückblickend und vorausschauend verstehen. Wer sagt „Ich ertrinke in einem Meer aus Trauer“, drückt damit eine sehr große Traurigkeit aus. Aber auch Erwachsene werden aus den Trauergewässern wieder auftauchen, denn aufgrund ihres Alters und ihrer Erfahrung können sie, im Gegensatz zu kleinen Kindern, schwimmen und Flöße bauen. Wenn Traurigkeit eine normale Reaktion auf einen Verlust und kein Symptom für eine Erkrankung ist, wird sie nicht zum unendlichen Ozean anwachsen.

Übrigens: Gäbe es die Bezeichnung „Freudenpfützen“, dann würden Kinder, Jugendliche und Erwachsene ähnlich wie bei der Trauer, aus großer Freude dort hinein- und wieder herausspringen. Niemand wird durchgehend fröhlich oder durchgehend traurig sein – Gefühle kommen und gehen, so wie sie benötigt werden.

Aktion

Die Gruppenleitung legt Fotos von verschiedenen Gewässern (Pfützen, Teiche, Seen, Meeresbilder etc.) auf den Tisch und lädt die Trauernden ein, mithilfe der Impulsfragen zu überlegen, welche Gewässer ihnen in der Trauer schon begegnet sind.

Impulsfragen

- Erlebe ich meine Trauer im Moment eher als Pfützen oder als größere Gewässer?
- Sind meine derzeitigen Trauergewässer eher ruhig oder wild oder voll mitreißender Strömungen, wärmend oder angenehm kühl?
- Kann ich in einigen Pfützen mein Spiegelbild erkennen oder sehe ich nur eine große Schlammpfütze?
- Kann ich in den Tränen-Gewässern schon frei schwimmen oder benötige ich eher Schwimmflügel, weil ich Traurigsein in jungen Jahren nicht einüben konnte?

- Sind oder waren meine Seen überschäumend oder haben sie gefährliche Strudel, die mich in die Tiefe ziehen können?
- Gleicht meine Trauer einem zugefrorenen See?
- Erlebe ich Hochwasserzeiten oder eher ausgetrocknete Gewässer?
- Erlebe ich Trauerzeiten wie in einem Badesee, weil ich mit anderen dort untertauchen, auftauchen und durchschwimmen kann?
- Gab oder gibt es Zeiten, in denen ich in einem Meer von Traurigkeit versinke, vom Seegang atemlos überschwappt werde oder mich den Wellen in ihrem Auf und Ab anpasse?
- Ist mein Trauergewässer eher rund, wellenförmig, spritzig oder noch anders?

Wenn es die Umgebung zulässt, geht die Gruppe nach dem Austausch nach draußen und alle malen mit Straßenkreide ihre persönliche Trauerpfütze auf den Asphalt.

Alternativ können Pfützen auf ein DIN-A3-Blatt gemalt werden.

Anschließend gehen alle gemeinsam von Bild zu Bild, von Pfütze zu Pfütze und betrachten die Farben oder Formen. Alle Künstler*innen können jeweils kurz etwas zu ihrer Pfütze sagen und erhalten, wie es bei Vernissagen üblich ist, einen Applaus.

Zusätzlich könnten die Teilnehmenden tatsächlich von Pfütze zu Pfütze springen, um das Rein und Raus zu erleben oder einfach Freude an dem gemalten Ausdruck zu empfinden.

Abschlussritual

Der LAVIA-Gefühlswürfel geht mit der Frage von Hand zu Hand:

- Mit welchem Gefühl gehe ich nach Hause und welche Größe hat im Augenblick meine Trauerpfütze?

Trauergestalten formen

Material

- Ausdruck der dritten Ebene des LAVIA Lebensweg- und Trauermodells in Farbe in der Anzahl der Teilnehmenden
- 500 g Mehl (Typ 405)
- 175 g Salz
- 2½ EL Zitronensäure als Pulver
- 7 EL Sonnenblumenöl
- 500 Milliliter Wasser (kochend, es macht die Knetmasse weicher als kaltes Wasser)
- Schüssel
- Küchenmaschine
- bunte Lebensmittelfarben
- Evtl. Duftöle
- luftdichte Behälter für die Knete (gekühlt und luftdicht verpackt hält die Knetmasse mehrere Monate)
- Einweghandschuhe
- ein Paar Bastelaugen pro Person

Ablauf

Einstiegsritual

Der LAVIA-Gefühlsstein geht mit der Frage „Mit welchem Gefühl und Symbol bin ich heute hier?“ von Hand zu Hand.

Oder

Die Symbole aus dem Modell liegen als Kärtchen auf dem Tisch.

- Gibt es ein Symbol, das ausdrückt, wie ich heute hier bin?
- Habe ich seit unserem letzten Treffen etwas erlebt, von dem ich kurz berichten möchte? Welches Symbol suche ich dazu aus?
- Fiel mir in letzter Zeit etwas schwerer oder leichter als in den Tagen zuvor? Welche Symbole passen dazu?

Vorbereitung und Gesprächseinstieg

Vor allen Teilnehmenden liegt eine Kopie des farbigen LAVIA Lebensweg- und Trauermodell-Labyrinths. Die Gruppenleitung erläutert, dass dieses Bild Teilaspekte, Situationen und Aufgaben im Leben aufzeigt und in dieser Einheit das Thema „Vielfalt der Gefühle“ im Mittelpunkt steht.

Aktion

Die Teilnehmenden stellen zusammen Knete her. Gerade in Erwachsenengruppen ist der Umgang mit Knete etwas Ungewöhnliches, weckt aber bei den meisten auch eine gewisse Spielfreude.

Mehl, Salz, Zitronensäure und Öl werden mit einer Küchenmaschine vermischt. Nach und nach wird das kochend heiße Wasser hinzugefügt und alles noch eine Weile geknetet. (Hinweis: Auch wenn die Knetmasse aus Lebensmitteln besteht, sollte sie aufgrund des hohen Salzgehaltes nicht verzehrt werden.)

Die Knetmasse wird nun in viele kleine Portionen aufgeteilt, sodass die Teilnehmenden ihre Knetportionen passend zu ihren Gefühlen einfärben können.

Dazu wird in die Knetmasse eine Mulde gedrückt, in die einige Tropfen Lebensmittelfarbe gegeben werden. Dann wird der Knetklumpen so lange mit den Händen geknetet (Einmalhandschuhe anziehen!), bis sich die Farbe gleichmäßig in der Masse verteilt hat.

Währenddessen des gemeinsamen Tuns kann ein Gespräch darüber stattfinden, was Gefühle in der Trauerzeit mit Knete gemeinsam haben könnten.

Impulsfragen

- Manchmal fühlt es sich an, als würde man in der Trauer versinken oder vermatscht sein. Wie fühlt es sich an, wenn ich das an der Knete darstelle?
- Welche Gefühle ordne ich den unterschiedlichen Farben zu?
- Knete lässt sich immer wieder in eine neue Gestalt bringen. Das ist oft von zwiespältigen Gefühlen begleitet. Wenn Knetwerk zerstört wird, fühlt sich das frustrierend an. Aber zugleich kann es ein gutes Gefühl sein, wenn man danach was Neues aufbaut. Wie empfinde ich es, im geschützten Raum mit den Knetgestal-

ten den Gedanken spielerisch einzuüben, dass man manchmal etwas verabschieden muss, damit Neues werden kann?

- Wie fühlt es sich an, wenn die Farben der Knetmasse vermischt werden und man etwas buntes Neues formen kann?
- Könnte es mir, wenn ich sehr wütend bin, helfen, die Knetmasse kräftig durchzukneten?
- Wenn unterschiedliche Farben zu sehr vermischt werden, entsteht eine unschöne bräunliche Masse. Das Gleiche könnte mit Trauergefühlen passieren, wenn sie zu sehr durcheinandergeraten. Ist es hilfreicher, unterschiedliche Gefühle zu erkennen und zu benennen, sowohl leichte und schöne wie auch schwere und schwierige? Wie gut gelingt es im Alltag, Gefühle auseinanderzuhalten und was hilft dabei?
- Es gibt Tage, da fühlt man sich gut in Form wie ein schönes Knetgebilde, und andere, an denen man sich plattgedrückt fühlt. Welche Knetfigur passt jetzt zu deiner Stimmung?
- Soll meine Knete einen beruhigenden Duft ausströmen, wenn ich sie in den Händen forme? Für welches Duftöl entscheide ich mich, von dem ich dann einige Tropfen einknete?

Es kann ein schönes Gefühl sein, die Trauer nicht nur als etwas zu verstehen, was irgendwie in einem passiert und schwer erklärbar und fassbar ist. Ihr eine Gestalt zu geben und sie zu einem Gegenüber zu formen, kann sie begreifbarer machen.

Darum bekommen die Teilnehmenden nach dem Austausch den Auftrag, aus der Knete ein Symbol für die eigene Trauer zu formen. Anschließend erhalten alle Teilnehmenden ein Paar Bastelaugen, die sie an ihre Knetfigur anbringen können.

Das Symbol/die Gestalt wird dadurch noch fassbarer als Gegenüber, mit dem man sich unterhalten kann, dass man aber auch beschimpfen, wegstellen oder näher holen und umformen kann.

Alternative: Trauerschleim
Insbesondere in Kinder- und Jugendgruppen bietet es sich alternativ an, Trauerschleim herzustellen. Aber auch Erwachsene haben oft Freude an außergewöhnlichen Kreativangeboten.

Zutaten für 300 ml Trauerschleim:

- 100 g weißer Bastelkleber
- 10 g Natron
- 10 g Rasierschaum
- 20 g Speisestärke
- 30 g Spülmittel klar
- etwas Kontaktlinsenlösung
- Lebensmittelfarbe/Lebensmittelfarbpulver
- Glitzer
- Glas- oder Metallschüssel (lassen sich optimal reinigen)
- Holzspachtel für alle
- kleine Kunststoffbehälter mit luftdichtem Verschluss

Kleber, Natron, Rasierschaum, Speisestärke und Spülmittel werden in eine Glas- oder Metallschüssel gegeben und mit einem Holzspachtel verrührt. Unter Rühren werden langsam (nicht zu viel auf einmal) einige Spritzer Kontaktlinsenlösung hinzugefügt, um den Schleim zu aktivieren. Wenn der Schleim sich beim Rühren von der Schüssel löst und nicht mehr so sehr an den Händen klebt, kann er aus der Schüssel genommen werden. Falls er noch klebt, wird noch etwas Kontaktlinsenlösung hinzugefügt.

Danach wird der farblose Schleim gleichmäßig in jeweils ein luftdichtes Gefäß für jede:n Teilnehmer:in abgefüllt, während weiterhin über Schleim und Trauer gesprochen wird. Alle können sich nun eine Farbe für ihren Trauerschleim aussuchen, die mit dem Spachtel eingerührt und mit den Händen verknetet wird.

Impulsfragen

- Manchmal fühlt sich die Trauer auch irgendwie eklig an: Manche Gefühle ziehen sich so zäh in die Länge. Es gab auch Menschen, die so schleimig Beileid ausgedrückt haben. Kann ich das verstehen? Kenne ich solche unangenehmen Situationen?
- Schleim ist glitschig. Kann ich mir vorstellen, dass der Schleim eine Hilfe sein könnte, dass man besser durch die Trauerzeit flutschen kann?
- Wenn man den Schleim in die Hand nimmt, entstehen oft widersprüchliche Gefühle: Einerseits möchte man es nicht, es fühlt sich widerlich an. Andererseits reizt es aber, ihn anzufassen, anzustupsen, zu drücken oder zu quetschen. Kenne ich das auch bei Gefühlen – dass es eines gibt, dass man schnell loswerden möchte, es dann aber doch nach und nach interessant findet und ausprobiert?
- Wie würde ich meinen eigenen Trauer-Schleim nennen: Trauermatsch, Trauerpampe, Trauerrotz …

Abschlussritual

Der LAVIA-Gefühlswürfel geht mit der Frage von Hand zu Hand:

- Mit welchem Gefühl gehe ich nach Hause und was gönne ich mir noch Gutes bis zu diesem Wochenende?

Der Jammerlappen

Material

- Farbausdruck der dritten Ebene des LAVIA Lebensweg- und Trauermodells in der Anzahl der Teilnehmenden
- für jeden Jammerlappen ein quadratisches Stück Stoff, ca. 40 x 40 cm (Herrentaschentücher sind sehr gut geeignet, weil sie schon gesäumt sind!)
- für alle Teilnehmenden je ein Paar „Glupschaugen“, die auf den Finger aufgesteckt werden können

Ablauf

Einstiegsritual

Der LAVIA-Gefühlsstein geht mit der Frage „Mit welchem Gefühl und Symbol bin ich heute hier?“ von Hand zu Hand.

Oder

Die Symbole aus dem Modell liegen als Kärtchen auf dem Tisch.

- Gibt es ein Symbol, das ausdrückt, wie ich heute hier bin?
- Habe ich seit unserem letzten Treffen etwas erlebt, von dem ich kurz berichten möchte? Welches Symbol suche ich dazu aus?
- Fiel mir in letzter Zeit etwas schwerer oder leichter als in den Tagen zuvor? Welche Symbole passen dazu?

Vorbereitung und Gesprächseinstieg

Alle Teilnehmenden erhalten eine Farbkopie des LAVIA Lebensweg- und Trauermodell-Labyrinths. Die Gruppenleitung erklärt, dass dieses Bild Teilaspekte, Situationen und Aufgaben im Leben aufzeigt und in dieser Einheit das Thema „Vielfalt der Gefühle und Klageausdrücke“ im Mittelpunkt steht.

Aktion

Die Teilnehmenden erschaffen sich selbst eine Handpuppe als „Jammerlappen". Dazu streifen sie ein Herrentaschentuch über einen Finger und klemmen das Tuch mit einem Augenpaar fest.

Impulsfragen

- Es gibt Tage, an denen man nur jammern, klagen, heulen, weinen … könnte. Welche „Klage-Begriffe" fallen dir noch ein? Welche sind dir selbst bekannt und haben alle den gleichen Wert für dich?
- Jammern bezieht sich oft auf das anhaltende oder übermäßige Bekunden über einen unangenehmen IST-Zustand. Erlebst du Jammern bei dir oder anderen als nützlich, um Druck abzubauen und Trauer abzubauen, oder verstärkt es eher das Gefühl der Unzufriedenheit?

- Manchmal tut kurzfristiges Klagen und Jammern gut. Wer jedoch ständig jammert, wird auch schnell als „Jammerlappen" bezeichnet. Das Jammern kann sich mit der Zeit auch in der Körperhaltung widerspiegeln: mit nach unten gezogenen Mundwinkeln, hängenden Schultern und einem wehmütigen Augenausdruck. Wer oder was hilft aus diesem Gefühlszustand und der Körperhaltung wieder heraus?
- Meist löst ein bedeutsamer Verlust normale weitergehende Reaktionen aus, die sich z.B. in Weinen und Traurigkeit ausdrücken können. „Jammere nicht so rum" können von Außenstehenden verletzende Worte für Trauernde sein. Manchmal sagen trauernde Menschen diese Worte auch zu sich selbst. Kannst du einmal erklären, warum dies tatsächlich ein Unsinn ist?
- Wenn du deinen Jammerlappen richtig jämmerlich ausschauen lässt, wirst du bemerken, dass du selbst auch ein mitleidiges Gesicht dabei bekommst. Dieses Phänomen ist eng mit Spiegelneuronen (Nervenzellen) in unserem Gehirn verbunden, die aktiv werden, wenn wir eine emotionale Handlung bei jemandem beobachten. Diese Aktivierung der Spiegelneuronen kann Empathie und soziale Bindungen stärken, indem wir auf Emotionen reagieren und diese widerspiegeln. Versuche an traurigen Tagen deinen Jammerlappen deinem Gemütszustand anzupassen und sprich ihm dann Trost zu, der auch deinem Herzen guttun kann.
- Magst du deinem Jammerlappen einen eigenen ausdrucksstarken, aber liebevollen Namen geben? Z.B. Kummerlump, Seufzerlappen, Schniefgesicht, …

Abschlussritual

Der LAVIA-Gefühlswürfel geht mit der Frage von Hand zu Hand:

- Mit welchem Gesichtsausdruck gehen mein Jammerlappen und ich nach Hause und was gönne ich mir noch Gutes bis zu diesem Wochenende?

Unterstützung bei Angst und Unruhe

Material

- Farbausdrucke der dritten Ebene des LAVIA Lebensweg- und Trauermodells in der Anzahl der Teilnehmenden
- 10 ml Rosenhydrolat pro Teilnehmer:in
- Neroli-Öl
- kleine Fläschchen mit Roll-on-Aufsatz

Ablauf

Einstiegsritual

Der LAVIA-Gefühlswürfel geht mit der Frage „Mit welchem Gefühl und Symbol bin ich heute hier?“ von Hand zu Hand.

Oder

Die Symbole aus dem Modell liegen als Kärtchen auf dem Tisch.

- Gibt es ein Symbol, das ausdrückt, wie ich heute hier bin?
- Habe ich seit unserem letzten Treffen etwas erlebt, von dem ich kurz berichten möchte? Welches Symbol suche ich dazu aus?
- Fiel mir in letzter Zeit etwas schwerer oder leichter als in den Tagen zuvor? Welche Symbole passen dazu?

Vorbereitung und Gesprächseinstieg

Trauernde Menschen fühlen sich oft verunsichert von ihren widersprüchlichen Gefühlen. Das ätherische Öl Neroli kann bei Ängsten und seelischen Verletzungen unterstützen. Denn die Inhaltsstoffe von Neroli wirken sowohl beruhigend wie auch anregend und ausgleichend. Der Roll-on-Stift kann gut in der Hosen- und Handtasche verstaut und auch bei Bedarf unauffällig genutzt werden. Wie immer bei der Arbeit mit ätherischen Ölen entscheidet die individuelle Vorliebe, ob es sinnvoll ist, den Duft zu benutzen oder nicht.

Aktion

Die Teilnehmenden befüllen ein Fläschen mit Rosenhydrolat und einem Tropfen Neroli. Vor der Anwendung sollte der Roll-on-Stift immer geschüttelt werden, damit sich die Flüssigkeiten gleichmäßig mischen.

Impulsfragen

- Was genau fühle ich jetzt gerade? Ist dieses Gefühl hauptsächlich spürbar oder kenne ich auch andere widersprüchliche Emotionen, die mich manchmal verunsichern?
- Gibt es konkrete Auslöser für widersprüchliche oder beängstigende Gefühle und kann ich diese Auslöser positiv beeinflussen?
- Wem kann ich von meinen Gefühlen erzählen?
- In welchen Momenten fühle ich mich am stärksten hin und her gerissen?
- Gibt es etwas Gutes in meiner jetzigen Situation, auch wenn ich mich manchmal schlecht fühle?
- Kenne ich unterschiedliche Ängste in meinem Leben und was hat sich dabei als hilfreiche Strategie bewährt, wieder gelassener zu werden? Wer oder was kann mir helfen, wenn ich Angst habe?
- Welche Gründe und Situationen fallen mir ein, die mir in letzter Zeit Sorge bereiten? Erleben andere diese Gedanken auch als beängstigend?
- Gibt es etwas, was mich tröstet, wenn ich mich verletzt fühle?
- Kennst du Menschen in deiner Umgebung, die durch deine Krise oder das gleiche Verlusterleben selbst verunsichert sind?
- Ein großer Verlust verunsichert viele Menschen. Neroli soll das Selbstvertrauen unterstützen und Mut in schwierigen Zeiten bewirken. In welchen Situationen wünschst du dir Superkräfte und würdest du das Öl als Stärkung nutzen?

Abschlussritual

Der LAVIA-Gefühlswürfel geht mit der Frage von Hand zu Hand:

- Mit welchem Gefühl gehe ich nach Hause und was werde ich mir noch bis zum Wochenende Gutes gönnen?

Sich neu einnorden

Material

- Farbausdrucke der ersten Landschaftsebene sowie der dritten Ebene des LAVIA Lebensweg- und Trauermodells in der Anzahl der Teilnehmenden
- Kompass
- kleine Kompasse als Schlüsselanhänger oder das Foto eines Kompasses für jede:n Teilnehmer:in

Ablauf

Einstiegsritual

Der LAVIA-Gefühlswürfel (Foto) geht mit der Frage „Mit welchem Gefühl und Symbol bin ich heute hier?" von Hand zu Hand.

Oder

Die Symbole aus dem Modell liegen als Kärtchen auf dem Tisch.

- Gibt es ein Symbol, das ausdrückt, wie ich heute hier bin?
- Habe ich seit unserem letzten Treffen etwas erlebt, von dem ich kurz berichten möchte? Welches Symbol suche ich dazu aus?
- Fiel mir in letzter Zeit etwas schwerer oder leichter als in den Tagen zuvor? Welche Symbole passen dazu?

Vorbereitung und Gesprächseinstieg

Alle Teilnehmenden erhalten eine Farbkopie der untersten Landschaftsebene sowie des Labyrinths. Die Gruppenleitung erklärt, dass dieses Bild Teilaspekte, Situationen und Aufgaben im Leben aufzeigt und in dieser Einheit das Thema Veränderung und Orientierung auf dem neuen Weg im Mittelpunkt steht.

Kleine Veränderungen gehören zum täglichen Leben, privat, beruflich, zeitlich und im Kreislauf der Natur. Sie helfen uns zu lernen, mit neuen Situationen umzugehen und persönlich zu wachsen. Größere und eigentlich unerwünschte Veränderungen fallen uns anfangs oft schwer, da sie Unsicherheit und Ängste verursachen, während wir eigentlich nach Sicherheit und Stabilität streben. Die Sorge vor dem Unbekannten und fehlende Weitsicht, erst recht in Zeiten der Trauer, erschweren den Prozess zusätzlich.

Viele Menschen erleben in Krisensituationen, dass ihr Lebensplan durch den einschneidenden Verlust durchkreuzt wird. Ihr Leben fühlt sich planlos und damit chaotisch an. Die Partnerschaft, Freundschaften, Beziehungen in der Familie, in der Schule, am Arbeitsplatz und im weiteren Umfeld verändern sich. Rollen und Aufgaben müssen neu justiert und verteilt werden. Eigene Werte und der Sinn des Lebens werden oftmals hinterfragt.

Bewusste Veränderungen beginnen mit einem ganz neuen oder einem neu angepassten Ziel. Etwas zu verändern, kostet Mut und ist anstrengend, denn es irritiert unsere gewohnten Abläufe und Prozesse.

Aktion

Mit dem Blick auf die unterste Landschaftsebene, durch die noch kein Weg verläuft, überlegen die Teilnehmenden, welche Lebensziele sie in jungen Jahren und lange vor dem Verlust hatten. Ihre Gedanken zu den folgenden Fragen können sie in das Bild schreiben oder malen.

Impulsfragen

- Welchen Schul- oder Berufswunsch hatte ich?
- Welche Reisen wollte ich unternehmen?
- Welche Hobbys, auch verrückte, hätte ich gerne ausprobiert?
- Wo und wie wollte ich leben, welche Tiere besitzen, Menschen kennenlernen, welche persönlichen oder familiären Pläne hatte ich?

Ein Austausch darüber, welche Ziele von damals umgesetzt und welche Pläne gewollt oder „gezwungenermaßen“ verworfen wurden, schließt sich an.

Die Impulsfragen dazu orientieren sich am Lebensweg- und Trauermodell.

- Wann und wodurch habe ich begriffen, dass sich etwas verändern sollte?
- Welche Gefühle hat mein Plan ausgelöst, mich auf Veränderungen einzulassen?
- Habe ich das Loslassen von einigen lieben Gewohnheiten gleich akzeptieren können?
- Trage ich den Schmerz über die Träume, die sich nicht erfüllt haben, bis heute mit mir herum oder hat er sich nach und nach verändert? Konnte ich ihm einen angemessenen Platz im Herzen geben, ohne dass die Traurigkeit alles andere überlagert hat?

Die Gruppenleitung legt einen Kompass auf den Tisch und erklärt, dass sich seine magnetische Nadel immer nach Norden dreht, weil sie sich nach dem Magnetfeld der Erde ausrichtet. Ein Kompass kann hilfreich sein, um unterwegs nicht die Orientierung zu verlieren.

In der Umgangssprache gibt es den Begriff „sich neu einnorden", womit im übertragenen Sinn eine Neuorientierung und Anpassung der Lebensrichtung in Bezug auf Ziele und Prioritäten gemeint ist.

Impulsfragen

- Himmelsrichtung: Wo ist mir mein Glaube oder meine Spiritualität ein Wegbegleiter?
- Magnetfeld: Zu was oder wem fühle ich mich neu oder weiterhin angezogen?
- Orientierung: Wer oder was bietet mir auf meinem veränderten Lebensweg Orientierung?
- Landkarten: Ist meine Landkarte aus dem Jahr vor dem Verlust noch gültig oder brauche ich eine Aktualisierung?
- Ziel: Welche Teilziele habe ich in meinem veränderten Leben schon geschafft? Welches Ziel nehme ich mir als nächstes vor?
- Weggefährten: Welche Menschen dürfen zwischendurch die Richtung angeben und meinen Kompass übernehmen?

Alle Teilnehmenden erhalten einen Kompass als Schlüsselanhänger oder ein Foto von einem Kompass und den Text: „Manchmal braucht es Mut, ein Ziel zu verändern. Vertraue dem Kompass in deinem Herzen."

Abschlussritual

Der LAVIA-Gefühlswürfel geht mit der Frage von Hand zu Hand:

- Mit welchem Gefühl und in welche Himmelsrichtung gehe ich nach Hause? Was gönne ich mir noch Gutes bis zu diesem Wochenende?

Ein Elfchen

Material

- Farbausdrucke der dritten Ebene des LAVIA Lebensweg- und Trauermodells in der Anzahl der Teilnehmenden
- Papier und Stifte
- Wachskerzen in der Anzahl der Teilnehmenden
- Wachsmalstifte

Ablauf

Einstiegsritual

Der LAVIA-Gefühlswürfel geht mit der Frage „Mit welchem Gefühl und Symbol bin ich heute hier?“ von Hand zu Hand.
Oder
Die Symbole aus dem Modell liegen als Kärtchen auf dem Tisch.

- Gibt es ein Symbol, das ausdrückt, wie ich heute hier bin?
- Habe ich seit unserem letzten Treffen etwas erlebt, von dem ich kurz berichten möchte? Welches Symbol suche ich dazu aus?
- Fiel mir in letzter Zeit etwas schwerer oder leichter als in den Tagen zuvor? Welche Symbole passen dazu?

Vorbereitung und Gesprächseinstieg

Alle Teilnehmenden erhalten eine Farbkopie des LAVIA Lebensweg- und Trauermodell-Labyrinths. Die Gruppenleitung erläutert, dass dieses Bild Teilaspekte, Situationen und Aufgaben im Leben aufzeigt und in dieser Einheit das Thema „Jahreszeiten und Veränderung“ im Mittelpunkt steht.

Die Jahreszeiten und die damit verbundenen Veränderungen in der Natur werden in Trauerzeiten meist bewusster wahrgenommen als normalerweise. Oft erleben trauernde Menschen eine starke innere Resonanz auf die sichtbaren Veränderungsprozesse in der Natur.

In dieser Einheit wird ein Schreibimpuls am Beispiel des Frühlings vorgestellt. Er lässt sich aber auch auf Sommer (z. B. Thema Pause), Herbst (z. B. Thema Loslassen) oder Winter (z. B. Thema Dunkel und Licht) übertragen.

Im Frühling ist der Aufbruch überall zu spüren. Knospen schieben sich hervor, aus scheinbar unbelebten Ästen sprießt plötzlich frisches Grün. In der Trauer erlebt man diese Aufbrüche oft intensiv, erlebt sie als Herausforderung oder Bestätigung, Stärkung oder Ärgernis.

Einige Trauernde empfinden den Frühling anfangs oft als eine Zumutung. Während in ihnen scheinbar vieles zum Stillstand kommt, der Sinn des Weiterlebens hinterfragt wird und Fröhlichkeit dahinwelkt, geschieht in der Natur genau das Gegenteil. Der Frühling mit all dem Keimen, Wachsen, Grünen und Blühen in der Natur provoziert deshalb den einen oder die andere geradezu. Anderen wiederum gibt er Halt, Zuversicht und das Versprechen: alles geht weiter, auf jeden eisigen und grauen Winter folgt ganz sicher ein neuer Frühling.

Aktion

In der Gruppe werden Assoziationen zum Frühling gesammelt. Jede:r Teilnehmer:in wählt dann aus der Sammlung das für sich an diesem Tag wichtigste Wort aus.

Um den Einstieg zu erleichtern, können Begriffe vorgegeben werden, zum Beispiel: Mut, Kraft, Sehnsucht, Aufblühen usw.

Die Gruppenleitung lädt ein, zum ausgewählten Begriff ein sogenanntes „Elfchen“ zu schreiben. Ein „Elfchen“ ist ein kurzer Text aus elf Wörtern (daher der Name), der in einer bestimmten Struktur geschrieben wird.

1. Zeile: der ausgewählte Begriff (das Thema des Elfchens)
2. Zeile: zwei Wörter (das Thema näher beschreiben)
3. Zeile: drei Wörter (Was passiert?)
4. Zeile: vier Wörter (Wie fühlst du dich?)
5. Zeile: ein Wort (Zusammenfassung, Schlusswort)

Das Elfchen kann anschließend in Kleingruppen oder im Plenum vorgestellt werden.

Am Ende erhalten alle Teilnehmenden eine Stumpenkerze, auf die sie mit Wachsstiften ihr Elfchen schreiben können. Alternativ kann der Text auf eine kleine Leinwand geschrieben werden.

Abschlussritual

Der LAVIA-Gefühlswürfel geht mit der Frage von Hand zu Hand:

- Mit welchem Gefühl und Wort gehe ich nach Hause und was gönne ich mir noch Gutes bis zu diesem Wochenende?

Wachstumsringe

Material

- Farbkopien der dritten Ebene des LAVIA Lebensweg- und Trauermodells in der Anzahl der Teilnehmenden
- kleine oder mittlere trockene Baumscheiben in der Anzahl der Teilnehmenden (Hobbymarkt oder Förster) oder alternativ die Skizze einer Baumscheibe
- eine größere hölzerne Baumscheibe (Lärchenholz ist optimal, weil man die Jahresringe deutlich erkennt)
- flüssige Acrylfarbe, Acrylstifte oder Buntstifte in kräftigen und pastelligen Farben
- Pinsel
- Teelichte

Ablauf

Einstiegsritual

Der LAVIA-Gefühlswürfel geht mit der Frage „Mit welchem Gefühl und Symbol bin ich heute hier?" von Hand zu Hand.

Oder

Die Symbole aus dem Modell liegen als Kärtchen auf dem Tisch.

- Gibt es ein Symbol, das ausdrückt, wie ich heute hier bin?
- Habe ich seit unserem letzten Treffen etwas erlebt, von dem ich kurz berichten möchte? Welches Symbol suche ich dazu aus?
- Fiel mir in letzter Zeit etwas schwerer oder leichter als in den Tagen zuvor? Welche Symbole passen dazu?

Vorbereitung und Gesprächseinstieg

Die Teilnehmenden bekommen eine Farbkopie des LAVIA Lebensweg- und Trauermodell-Labyrinths. Die Gruppenleitung erklärt, dass dieses Bild Teilaspekte, Situationen und Aufgaben im

Leben aufzeigt und in dieser Einheit das Thema „Leben in Wachstum und Veränderung“ im Mittelpunkt steht.

Nach einem großen Verlust fühlt es sich manchmal so an (oder es wird Trauernden von außen suggeriert), dass jetzt nichts mehr gut wird. Oder es ist im Gegenteil der Wunsch da, dass alles so schnell wie möglich wieder wird wie es zuvor war. Oft vermuten Außenstehende oder Trauernde selbst sogar, dass die Trauer innerhalb eines Jahres vergeht.

Wenn sich die Gruppe dazu austauscht, ist darauf zu achten, dass das Hadern über die Haltung von Menschen aus der Umgebung, die noch nie einen großen Verlust erlebt haben oder sich und anderen keine heftigen Gefühle zugestehen möchten, nicht zu großen Raum einnimmt.

Aktion

Die Gruppenleitung liest ein Zitat von August Bebel vor: „Nichts ist ewig, weder in der Natur noch im Menschenleben. Ewig ist nur der Wechsel, die Veränderung.“

Danach erhalten alle Teilnehmenden das Bild einer Baumscheibe und eine Erklärung zu den Jahresringen: Je älter ein Baum ist, desto mehr Jahresringe bekommt er, weil sich jedes Jahr außen am Stamm eine neue Wachstumsschicht entwickelt. Somit wird der Stamm immer dicker, obwohl der Baum nicht das ganze Jahr über gleichmäßig wächst: Innerhalb des Ringes in einer Baumscheibe erkennt man an den helleren und breiteren Farben die erste, an der schmaleren und dunkleren Schicht die zweite Jahreshälfte. Im Frühling und Sommer, wenn es wärmer und feucht ist, wächst der Baum schneller, im Herbst verlangsamt sich das Wachstum und im Winter wächst der Baum aufgrund von Kälte und Trockenheit kaum bis gar nicht.

An den Jahresringen erkennen wir auch, unter welchen Bedingungen der Baum gewachsen ist: Breite Ringe zeigen, dass der Baum stark gewachsen ist, weil ihm ausreichend Wasser und Nährstoffe gutgetan haben. Herrscht Nährstoffmangel und Trockenheit entstehen schmalere Ringe.

Ähnlich wie gute und schlechte Jahre im Inneren des Baumes sichtbar werden, werden Höhen und Tiefen auch beim Menschen Spuren hinterlassen.

Hier kann ein kurzer Austausch durch Impulse, die vorgelesen oder auf Karten ausgelegt werden, stattfinden:

Impulsfragen

- Im Unterschied zu einem Baum, der seinen Standort nicht wechseln kann, wenn er keine Nährstoffe bekommt, hat der Mensch die Freiheit, sein Leben zu verändern. Habe ich schon Situationen erlebt, in denen es diesen Mut von mir gebraucht hat, aufzustehen und etwas zu verändern? Und wie war es, den „Standort zu wechseln"?
- Welche kleinen oder größeren Verluste habe ich schon erlebt?
- Kenne ich die Gedanken, dass es nach dem Verlust in meinem Leben für immer düster bleiben wird?
- Darf ich noch Freude empfinden? Wie gut kann ich mir fröhliche Momente zugestehen?
- Viele Trauernde sagen: Ich wünsche mir, dass mein Leben trotz „Dem" anders gut weitergeht. Kann ich Spuren von „anders gut" schon entdecken?
- Manchmal überlagern schwierige letzte Bilder oder Erfahrungen alles andere. Und es fällt dann manchmal schwer, noch daran zu glauben, dass mir schöne Erinnerungen erhalten bleiben und ebenso wie der Grund und die Zeit meiner Trauer nicht verloren gehen können. Habe ich schon hin und wieder verloren geglaubte Erinnerungen und Gefühle wiedergefunden?
- Wie wünsche ich mir mein „neues Normal" als nächsten Wachstumsring?

Alle Teilnehmenden erhalten eine Holzscheibe oder eine Kopie einer skizzierten Baumscheibe. Jede:r kann dem Lebensabschnitt seit dem Verlust passende Farben, Worte und/oder Symbole geben. Übrigens muss die „Trauerfarbe" nicht für jede:n Schwarz sein.

Für die Zeit nach dem Verlust, die neue Begegnungen und Erlebnisse, Gefühle, Werte oder eine veränderte Spiritualität mit sich gebracht hat und weiterhin bringen wird, können weitere anwachsende Ringe farbig gestaltet werden. Es kann dabei auch ein Wunsch und die Zuversicht auf die kommenden Jahre mit Farben ausgedrückt werden.

Es geht bei der Baumscheibenaktion nicht um „Schönfärberei“, sondern darum, sichtbar zu machen, dass die Trauer für ihre bestimmte und notwendige Zeit ihre Größe und Farbe behält, dass jedoch das Leben weitere Zeiträume schafft, die nicht einfarbig/eintönig weitergehen müssen. Es ist auch denkbar, dass im Augenblick eine positive Veränderung schwer vorstellbar ist. Dann kann die Anregung hilfreich sein, anfangs minimal, vielleicht eher in Pastelltönen als in kräftigen bunten Farben, weiter zu zeichnen oder weitere Farbkreise zu schattieren.

Abschlussritual

Der LAVIA-Gefühlswürfel geht mit der Frage von Hand zu Hand:

- Mit welchem Gefühl und welcher Farbe gehe ich nach Hause?

Alle Teilnehmenden erhalten ein Teelicht, das sie an einer für sie wichtigen Stelle auf der Baumscheibe platzieren und zu Hause als Erinnerungs-, Gedenk- oder Hoffnungslicht anzünden können.

Kraftspray

Material

- Farbausdrucke der dritten Ebene des LAVIA Lebensweg- und Trauermodells in der Anzahl der Teilnehmenden
- pro Teilnehmer:in 10 ml Rosenhydrolat
- Cistrosenöl (Cistus ladaniferus)
- kleine Sprühfläschen in der Anzahl der Teilnehmenden

Ablauf

Einstiegsritual

Der LAVIA-Gefühlswürfel geht mit der Frage „Mit welchem Gefühl und Symbol bin ich heute hier?“ von Hand zu Hand.

Oder

Die Symbole aus dem Modell liegen als Kärtchen auf dem Tisch.

- Gibt es ein Symbol, das ausdrückt, wie ich heute hier bin?
- Habe ich seit unserem letzten Treffen etwas erlebt, von dem ich kurz berichten möchte? Welches Symbol suche ich dazu aus?
- Fiel mir in letzter Zeit etwas schwerer oder leichter als in den Tagen zuvor? Welche Symbole passen dazu?

Vorbereitung und Gesprächseinstieg

Cistrosenöl kann stimmungsaufhellend und dadurch ermutigend wirken. Es vermittelt ein Gefühl von Wärme und Geborgenheit, unterstützt beim Loslassen und fördert die Kreativität. In der Trauerzeit, die mit vielen fordernden Veränderungen einhergeht, kann es hilfreich sein, sich mit diesem Duft zu umgeben.

Aktion

Alle Teilnehmer:innen geben einen Tropfen des Cistrosenöls in ihre kleine Sprühflasche und füllen sie anschließend mit 10 ml Rosenhydrolat auf. Vor der Anwendung kräftig schütteln.

Das Fläschen passt gut in die Hand-, Jacken- oder Schultasche und ist so immer griffbereit.

Es kann auch sinnvoll sein, verschiedene Duftöle zur Auswahl anzubieten – weil die Teilnehmenden vielleicht verschiedene Aufgaben in ihrem Trauerprozess als herausfordernd erleben. So kann jede:r mit dem Duft, den er oder sie als stärkend empfindet, das für die eigene Situation passende Spray herstellen.

Ätherische Öle und einige Vorschläge, sie dem LAVIA Lebensweg- und Trauermodell zuzuordnen:

- Funktionieren: Lavendel fein (Lavandula angustifolia)
- Begreifen: Petit grain (Citrus aurantium)
- Akzeptieren: Zeder (Cedrus atlantica)
- Fühlen: Neroli (Citrus aurantium)
- Veränderung: Cistrose (Cistus ladaniferus)
- Beziehungsort: Orange (Citrus sinensis)

Impulsfragen

- Veränderungen können als kraftraubend, entlastend, aufwühlend, energiespendend u.v.m. erlebt werden. Kann ich mir vorstellen, dass mich ein ätherisches Öl im Veränderungsprozess unterstützen kann und in welchen Situationen würde ich das Kraftspray nutzen wollen?
- Eine Flüssigkeit in einer Sprühflasche wird beim Versprühen in viele Teilchen zerstäubt und entfaltet eine neue Wirkung. Wenn du an deine Veränderungen denkst: Welche Prozesse und welche neuen Wirkungen haben sie ausgelöst?

Abschlussritual

Der LAVIA-Gefühlswürfel geht mit der Frage von Hand zu Hand:

- Mit welchem Gefühl gehe ich nach Hause? Was werde ich mir noch bis zum Wochenende Gutes gönnen?

Samenkugeln

Material

- Farbausdrucke der dritten Ebene des LAVIA Lebensweg- und Trauermodells in der Anzahl der Teilnehmenden
- Blumenerde
- Blumensamen (passend zur Jahreszeit, in der das Angebot stattfindet; Liste siehe unten)
- Heilerde
- leere Eierkartons
- Schüsseln zum Anmischen
- Wasser
- Papier
- Stifte

Ablauf

Einstiegsritual

Der LAVIA-Gefühlswürfel geht mit der Frage „Mit welchem Gefühl und Symbol bin ich heute hier?" von Hand zu Hand.

Oder

Die Symbole aus dem Modell liegen als Kärtchen auf dem Tisch.

- Gibt es ein Symbol, das ausdrückt, wie ich heute hier bin?
- Habe ich seit unserem letzten Treffen etwas erlebt, von dem ich kurz berichten möchte? Welches Symbol suche ich dazu aus?
- Fiel mir in letzter Zeit etwas schwerer oder leichter als in den Tagen zuvor? Welche Symbole passen dazu?

Vorbereitung und Gesprächseinstieg

Alle Teilnehmenden erhalten einen Farbausdruck des LAVIA Lebensweg- und Trauermodell-Labyrinths. Die Gruppenleitung erklärt, dass dieses Bild Teilaspekte, Situationen und Aufgaben im

Leben aufzeigt und in dieser Einheit das Thema „Verbundenheit spüren“ im Mittelpunkt steht.

Beziehungen und Verbundenheit werden durch gemeinsame Erinnerungen, Fotos oder persönliche Gegenstände greifbar. Diese sichtbaren Elemente sind Symbole für die Bindungen zwischen Menschen und machen diese auch für die Außenwelt erkennbar. Darüber hinaus gibt es unsichtbare Verbindungen, die genauso bedeutsam sind. Geteilte Charaktereigenschaften, Einstellungen, Haltungen oder ein ähnlicher Humor schaffen Verbindung wie unsichtbare Fäden. Diese nicht greifbaren, aber starken Verbindungen spielen in der Gestaltung und Festigung genauso wie im Verlusterleben von Beziehungen eine entscheidende Rolle.

Aktion

Alle Teilnehmenden erhalten ein Blatt Papier und einen Stift und werden gebeten, gute Eigenschaften der Verstorbenen in einer Reihe untereinander aufzuschreiben.

Anschließend sollen die guten Eigenschaften eingekreist werden, die die Teilnehmenden sich auch selbst zuordnen, weil sie diese vielleicht geerbt, gelernt oder aus Interesse übernommen haben. Weitere eigene gute Eigenschaften können ergänzt werden. Der Hinweis, dass es vielen Menschen leichter fällt, über andere ein gutes Wort zu sagen als über sich selbst, kann ermutigend sein.

Nach einem Austausch über die typischen Merkmale der Verstorbenen und von sich selbst weist die Gruppenleitung darauf hin, dass dies alles wertvolle Dinge sind, die in die Welt hinein – und sogar über den Tod hinaus – weiterwachsen dürfen.

Daraufhin suchen sich alle einige Blumensamen aus, die symbolisch für die genannten Eigenschaften stehen und nun als Pflanze weiterwachsen sollen.

Hier ist eine Auswahl von Blumensamen, die über das Jahr verteilt ausgesät werden können. Den Blumen sind Eigenschaften zugeordnet, wobei es wichtig ist zu beachten, dass die symbolische Bedeutung von Blumen oft kulturell beeinflusst ist und von Person zu Person unterschiedlich interpretiert werden kann.

Frühling

- Ringelblumen: heilend, Schutz gegen negative Energien, Fröhlichkeit, Liebe und Hingabe
- Mohnblume: Schlaf, Vergänglichkeit, Gelassenheit, Meditation und Kreativität
- Samenmischung „Schmetterlingswiese": Naturschutz, Buntheit, Veränderung, lebendig und nachhaltig
- Sonnenblumen: Positivität, Optimismus, Lebensfreude, Glück, Treue, Standhaftigkeit und persönliches Wachstum
- Männertreu: Treue, unkomplizierte Liebe, Freundschaft, Loyalität, pflegeleicht
- Kornblume: Freiheit, Patriotismus, Unschuld, Schönheit, beruhigende Wirkung und Liebe

Sommer

- Vergissmeinnicht: Erinnerung, Treue, ewige Liebe, Freundschaft, Hoffnung und Trost
- Gänseblümchen: Unschuld, Reinheit, Lebendigkeit, Anpassungsfähigkeit, Freude, Entschlossenheit und Beständigkeit
- Cosmea: Harmonie, Frieden, Liebe, Freundschaft, Leichtigkeit, Unbeschwertheit, Inspiration
- Wicken: Freundschaft, Zuneigung, Frohsinn, Glück, Erinnerung, Nostalgie, Beständigkeit
- einjähriger Phlox: blühende Schönheit, Veränderung, Wandel, Zuneigung, Vielfalt und Energie
- Wiesensalbei: Heilung, Wohlbefinden, Schutz, Reinigung, Trostspender, natürliche Schönheit und Ausdauer

Herbst

- Wunderblume: Vielfalt, Wandel, Fröhlichkeit, duftend, Freude und Natürlichkeit
- Stiefmütterchen: Erinnerung, Liebe, Respekt, Neuanfang, Bescheidenheit
- Schleierkraut: Leichtigkeit, Zerbrechlichkeit, Unschuld, Anziehungskraft, Hingabe, Fruchtbarkeit und Fülle
- Sonnenblume: Wärme, Gemütlichkeit, Ernte, Veränderung, Erneuerung, Dankbarkeit

- Glockenblumen: zarte Schönheit, Eleganz, Dankbarkeit, Wertschätzung, Liebe, Anmut, Romantik, Glücksbringer, Bescheidenheit
- Trollblume: Märchenhaft, träumerisch, Frische, Lebendigkeit, Schönheit, Pracht

Winter
- Veilchen: Bescheidenheit, Demut, Zurückhaltung, Liebe, Treue, Loyalität, Beständigkeit
- Primel: fröhlich, farbenfroh, Neuanfang, Zuneigung, Liebe, Romantik, Hoffnung, Optimismus
- Malve: Symbol für Schönheit und Zärtlichkeit, Freundlichkeit und Offenheit
- Schwarze Susanne: Hingabe, Treue, Beständigkeit, Unvergänglichkeit, Eleganz, Robustheit
- Stockrose: Schönheit, Erinnerung, Respekt, Überwindung von Herausforderungen
- Rittersporn: Würde, Eleganz, Erfolg, Leichtigkeit, tiefe Gefühle, Liebe

Impulsfragen
- Welche symbolischen Eigenschaften der Blumen rufen eine Erinnerung an einen Ort, eine Situation oder einen Menschen wach? Ist es der Name, die Farbe oder sind es die symbolischen Merkmale?
- Welche Blumensamen habe ich für mich ausgewählt und welche Bedeutung haben sie?
- Wenn ich die Blumensamen an einem Ort aussäen möchte, wäre es für mich ein vertrauter Platz der Erinnerung oder auch ein Ort des Gedenkens, den ich mir neu schaffen kann?

Im Anschluss an den Austausch mischen alle aus der Blumen- und Heilerde mit etwas Wasser eine formbare Masse, in welche die ausgewählten Blumensamen für die Saatkugeln eingearbeitet werden können.

Die Samenkugeln können in Eierkartons getrocknet und aufbewahrt werden und später an ausgewählten Orten verteilt werden, wie z. B. an der Bushaltestelle, am Lieblingsplatz im Park, am Grab, am Urlaubsort, im Garten …

Werden die Saatkugeln verteilt, solange sie noch feucht sind, kann man sie mit den Händen oder Füßen etwas am Boden andrücken. Sind sie schon getrocknet, müssen sie nach dem Ausbringen gut bewässert werden.

Abschlussritual

Der LAVIA-Gefühlswürfel geht mit der Frage von Hand zu Hand:

- Mit welchem Gefühl gehe ich nach Hause?
- Welche Blumensorte fand ich am interessantesten und was gönne ich mir noch Gutes bis zu diesem Wochenende?

Aus den Augen, aus dem Sinn?

Material

- Farbausdrucke der dritten Ebene des LAVIA Lebensweg- und Trauermodells in der Anzahl der Teilnehmenden
- Stifte
- Papier

Die Teilnehmenden werden im Vorfeld gebeten, ein Foto aus ihrem Leben mitzubringen, das einen Moment ihrer Lebensgeschichte vor oder nach dem Verlust zeigt: eine Landschaft, ein Gegenstand, eine Aufnahme aus Urlaub oder Alltag, mit oder ohne Menschen …

Ablauf

Einstiegsritual

Der LAVIA-Gefühlswürfel geht mit der Frage „Mit welchem Gefühl und Symbol bin ich heute hier?“ von Hand zu Hand.
Oder
Die Symbole aus dem Modell liegen als Kärtchen auf dem Tisch.

- Gibt es ein Symbol, das ausdrückt, wie ich heute hier bin?
- Habe ich seit unserem letzten Treffen etwas erlebt, von dem ich kurz berichten möchte? Welches Symbol suche ich dazu aus?
- Fiel mir in letzter Zeit etwas schwerer oder leichter als in den Tagen zuvor? Welche Symbole passen dazu?

Vorbereitung und Gesprächseinstieg

Alle Teilnehmenden erhalten einen Farbausdruck des LAVIA Lebensweg- und Trauermodell-Labyrinths. Die Gruppenleitung erklärt, dass dieses Bild Teilaspekte, Situationen und Aufgaben im Leben aufzeigt und in dieser Einheit das Thema „Bilder“ im Mittelpunkt steht.

Viele trauernde Menschen haben die Sorge, dass sie ihre geliebten Menschen und wertvolle Erinnerungen vergessen. Diese Sorge ist berechtigt, weil es in unserem sich ständig verändernden Leben für unser Gehirn durchaus wichtig ist zu vergessen. Denn um uns an neue Umwelt- und Lebensbedingungen anzupassen, müssen wir Neues lernen, umlernen und dafür Altes vergessen oder verblassen lassen. Würden wir alles originalgetreu in Erinnerung behalten, wäre unser Leben sehr kompliziert. Zum alltäglichen Leben benötigen wir das, was wir schmecken, riechen, sehen, fühlen oder hören, nur für diesen bestimmten Moment und behalten es kurz im Gedächtnis. Wenn wir alles in Erinnerung behalten würden, würde uns die Wahrnehmung von etwas Neuem immer schwerer fallen, weil es ein Zuviel an Erinnerung gäbe und unsere „Speicherplatte" im Gehirn überlastet wäre. Weil unser Gehirn viele äußere Einflüsse aufnimmt, gehen andere Geschehnisse aus unserem Leben verloren. Selbst Stimmen oder das Aussehen von geliebten Menschen, die man lange nicht mehr gesehen hat, verschwimmen, vermischen sich mit ähnlichen Erlebnissen oder verblassen. Fotos und Andenken zu betrachten oder sich dazu auszutauschen, kann helfen, verblasste Erinnerungen an Vergangenes wieder an die Oberfläche zu holen.

Aktion

Hanna Buiting schlägt in ihren Schreibanregungen „Immerfort" (erhältlich unter www.dein-wortschatz.de) vor, die Perspektive beim Betrachten eines Fotos einmal umzukehren. Entsprechend fordert die Gruppenleitung die Teilnehmenden auf, jetzt ihr mitgebrachtes Bild zu betrachten und alles aufzuschreiben, was auf diesem Bild nicht zu sehen ist, was sie aber erinnern, hören, fühlen, riechen, schmecken, was in dieser Zeit an diesem Ort geschehen ist.

Wer mag, liest anschließend die Erinnerung zu dem Foto vor.

Impulsfragen

- Ist es schwergefallen, mich zu erinnern?
- Gab es unerwartete Erinnerungen, die als Wahrnehmungen eher im Gedächtnis präsent oder als Sinneseindrücke körperlich spürbar waren?

- Wirkt das Foto im Nachhinein wie ein Bild oder wie eine kleine Geschichte auf mich?
- Welche anderen Fotos könnte ich mir als weitere „Bildbeschreibungen“ in der kommenden Zeit vorstellen?

Variante

Auf die Rückseite des Fotos oder auf ein Blatt Papier kann abschließend ein Gruß an einen Menschen aus der Foto-Lebensgeschichte mit der Überschrift „Was ich dir zu diesem Foto noch sagen möchte …“ geschrieben werden.

Abschlussritual

Der LAVIA-Gefühlswürfel geht mit der Frage von Hand zu Hand:

- Mit welchem Gefühl gehe ich nach Hause, welchen Geschmack, Geruch, welches Gefühl oder Bild nehme ich aus dem heutigen Treffen mit und was gönne ich mir noch Gutes bis zu diesem Wochenende?

Der Leuchtstern

Material

- Farbausdrucke der dritten Ebene des LAVIA Lebensweg- und Trauermodells in der Anzahl der Teilnehmenden
- farbige, fluoreszierende Leuchtsterne
- Papier
- Stifte

Ablauf

Einstiegsritual

Der LAVIA-Gefühlswürfel geht mit der Frage „Mit welchem Gefühl und Symbol bin ich heute hier?“ von Hand zu Hand.

Oder

Die Symbole aus dem Modell liegen als Kärtchen auf dem Tisch.

- Gibt es ein Symbol, das ausdrückt, wie ich heute hier bin?
- Habe ich seit unserem letzten Treffen etwas erlebt, von dem ich kurz berichten möchte? Welches Symbol suche ich dazu aus?
- Fiel mir in letzter Zeit etwas schwerer oder leichter als in den Tagen zuvor? Welche Symbole passen dazu?

Vorbereitung und Gesprächseinstieg

Alle Teilnehmenden erhalten eine Farbkopie des LAVIA Lebensweg- und Trauermodell-Labyrinths. Der Fokus dieser Einheit liegt auf den gelben Feldern, die für Beziehungen stehen.

Durch einen Verlust und die erlebte Trauer verändern sich Beziehungen. Zum einen die Beziehung zu dem verstorbenen Menschen selbst, die in ihrer Bedeutung, die sie im Weiterleben hat, neu ausbuchstabiert werden muss. Auch bei Trennungen geht es darum, wie Beziehungen bewusst beendet oder in anderer Weise weitergeführt werden können. Trauer verändert auch die Beziehungen im Familien- und Freundeskreis: bestehende Beziehungen intensivieren sich oder werden abgebrochen, neue Beziehungen entstehen. Aus diesen Veränderungen wird sichtbar, wie sehr Beziehungen auch von Begreifen, Akzeptanz, Gefühlen und Veränderungen beeinflusst werden.

Aktion

In der Nacht und in der Traurigkeit schenkt Licht Orientierung und Sicherheit. Auch Menschen können das verkörpern.

Impulsfragen
- Was macht für dich eine Lichtgestalt aus?
- Wo oder durch wen erlebst du Licht in dunklen Zeiten?

Die Teilnehmenden schreiben Namen von Menschen auf, denen sie für ihre Unterstützung in der Krisenzeit dankbar sind, oder die in den Trauernden ein Hoffnungslicht ausgelöst haben, das immer noch nachleuchtet.

Anschließend wählen sie für diese Menschen farbige Leuchtsterne in unterschiedlichen Größen aus und tauschen sich darüber aus, welche Bedeutung die jeweils ausgesuchte Farbe oder Größe des Sterns hat.

Die Gruppenleitung regt an, den jeweiligen Personen den Stern als nachleuchtendes „Danke“ vorbeizubringen oder per Post zu schicken.

Im Anschluss oder beim nächsten Treffen kann die Idee vorgestellt werden, dass der Mensch, der vermisst wird, auch einen Leuchtstern erhält. Er kann ihm zwar nicht zugeschickt, aber an die Decke oder an die Wand im Schlafzimmer geklebt werden. Im Dunkeln leuchtet der *fluoreszierende* Stern noch eine Weile nach. Die Zeit, bis die Leuchtkraft verblasst ist, kann genutzt werden, um mit dem Menschen, nach dem man sich sehnt, in Gedanken zu sprechen oder in Gedanken Grüße und Wünsche zu senden.

Wichtig ist, darauf hinzuweisen, dass Symbole keine Verpflichtung darstellen, immer mit dem vermissten Menschen in Kontakt zu gehen. Es ist ein Angebot, bei Bedarf etwas zu erzählen, ein kurzes „Hallo“ zu sagen oder einfach nur ein Gefühl der Nähe oder Verbindung zu spüren.

Impulsfragen

- Ist es vorstellbar, mit einem leuchtenden Stern oder anderen Symbolen oder Ritualen eine Verbindung zu schaffen zu dem, was vermisst wird?
- Ist es für mich hilfreich, durch Symbole oder Erinnerungsgegenstände mit dem Verlusterleben konfrontiert zu werden?
- Welche Erinnerungen bringen mich in dunklen Stunden wieder zum Strahlen oder Schimmern?

Abschlussritual

Der LAVIA-Gefühlswürfel geht mit der Frage von Hand zu Hand:

- Mit welchem Gefühl gehe ich nach Hause, kann ich mir einen Platz für den Stern vorstellen und was gönne ich mir noch Gutes bis zu diesem Wochenende?

Balsam für die Lippen – Balsam für die Seele

Material

- Farbausdrucke der dritten Ebene des LAVIA Lebensweg- und Trauermodells in der Anzahl der Teilnehmenden
- Zutaten für den Lippenbalsam pro Person:
  18 g Ringelblumenöl
  11 g Rizinusöl
  4 g Carnaubawachs
  3 g Bienenwachs
  5 g Sheabutter
  5 Tropfen ätherisches Orangenöl (Citrus aurantium)
  unterschiedliche Lippenstiftdöschen zum Befüllen

Ablauf

Einstiegsritual

Der LAVIA-Gefühlswürfel geht mit der Frage „Mit welchem Gefühl und Symbol bin ich heute hier?“ von Hand zu Hand.

Oder

Die Symbole aus dem Modell liegen als Kärtchen auf dem Tisch.

- Gibt es ein Symbol, das ausdrückt, wie ich heute hier bin?
- Habe ich seit unserem letzten Treffen etwas erlebt, von dem ich kurz berichten möchte? Welches Symbol suche ich dazu aus?
- Fiel mir in letzter Zeit etwas schwerer oder leichter als in den Tagen zuvor? Welche Symbole passen dazu?

Vorbereitung und Gesprächseinstieg

Orangenöl kann eine heitere und positive Atmosphäre schaffen, sein Duft wird oft mit Frische, Fröhlichkeit und Erneuerung assoziiert. Durch den vertrauten Duft kann Orangenöl positive Erinnerungen wecken. Ebenso kann das Ringelblumenöl zu einer ruhigen und stressfreien Umgebung für Kommunikation und Verbundenheit beitragen.

Aktion

Ringelblumenöl, Rizinusöl, der Carnaubawachs und Bienenwachs werden im Wasserbad erwärmt, bis die festen Bestandteile geschmolzen sind, und wieder abgekühlt. Dann wird die Sheabutter untergerührt.

Anschließend 5 Tropfen Orange (Citrus aurantium) zugeben, in einen Lippenbalsambehälter füllen und erkalten lassen.

Impulsfragen

- Pflege tut dem Körper und der Seele gut. Achtsamkeit für sich selbst kann sich positiv auf das soziale Umfeld auswirken. Kann ich mir vorstellen, dass mein Verhalten andere anregt, auch positive Veränderungen vorzunehmen?
- Die Lippen weisen viele Nervenenden auf und reagieren als Teil des Tastsinns sehr empfindlich auf Berührungen, Wärme und Kälte. Beim Küssen spürt man viele verschiedene Sinnesein-

drücke. Wünsche ich mir den Lippenbalsam eher als Pflege für die Lippen oder wünsche ich mir einen verführerischen Duft, um zu küssen und geküsst zu werden?
- Orangenduft kann wie andere Düfte Erinnerungen wachrufen. Welchen Duft verbinde ich mit dem Menschen/dem Ort, den ich vermisse? Bräuchte es dafür in meinem Lippenbalsam ein Parfüm, ein Gewürz oder ein anderes Öl?

Ergänzender Hinweis: Auf der Unterlippe zu kauen, kann eine unbewusste Reaktion auf Stress sein und als eine Art selbstberuhigendes Verhalten dienen. Lippenbalsam aufzutragen könnte eine ähnliche sensorische Erfahrung bieten. Es kann eine angenehme, beruhigende Empfindung vermitteln und die sensorische Wahrnehmung und das Selbstbewusstsein fördern. Diese sanfte Berührung kann als einfache Möglichkeit dienen, sich selbst zu spüren und möglicherweise Stress abzubauen.

Es ist wichtig zu betonen, dass Verhaltensweisen und ihre Ursachen von Person zu Person individuell sind. Nicht alle, die auf der Unterlippe kauen oder Lippenbalsam auftragen, haben ein Problem oder möchten geküsst werden!

Abschlussritual

Der LAVIA-Gefühlswürfel geht mit der Frage von Hand zu Hand:
- Mit welchem Gefühl und Duft in der Nase gehe ich nach Hause und was werde ich mir noch bis zum Wochenende Gutes gönnen?

Das LAVIA Lebensweg- und Trauermodell© in seiner Gesamtheit

Auf dieser Ebene ist die Landschaft mit den Symbolen, dem Labyrinth und den verschiedenen Farben, die die Aufgaben im LAVIA Lebensweg- und Trauermodell repräsentieren, zusammengefügt. In dieser Gesamtheit stellt das Modell das Auf und Ab des Lebens mit seinen ständigen Veränderungen dar, das keinen festgelegten Phasen folgt, sondern als ein individuell fortlaufender Prozess erlebt wird.

Unser Lebensweg ist mit und ohne Verluste eine Reise mit Höhen und Tiefen, auf der wir uns ständig anpassen und flexibel sein müssen. In Krisenzeiten stellen wir uns oft Fragen über unsere Identität, Zugehörigkeit und Zweck im Leben. Dieser Prozess ist anstrengend, aber auch notwendig, um neue Erkenntnisse gewinnen und neue Wege akzeptieren zu können. Hin und wieder fühlen wir uns in sehr komplexen Zeiten wie „auf Autopilot", alles wirkt mechanisch und ist doch menschliches Erleben.

Die unterschiedlichen Gefühle wie Freude, Angst, Trauer, Hoffnung, Liebe etc. prägen unser Leben in Beziehung zu Vergangenheit, Gegenwart und Zukunft. Unsere Vergangenheit formt uns, prägt unsere Entscheidungen und beeinflusst zum Teil unsere Perspektiven. Die Gegenwart ist der Moment des wirklichen Handelns, auch wenn dies in Krisenzeiten eingeschränkt erscheint. Die Zukunft kann Hoffnung geben und Ziel sein, auch wenn trauernde Menschen das manchmal anzweifeln.

Zu fast jeder Lebenszeit, erst recht in Verlustzeiten, ist es herausfordernd, Vergangenheit, Gegenwart und Zukunft in Einklang zu bringen sowie Beziehungen zu pflegen zu den Menschen und Situationen, die man vermisst, ebenso wie zu den Lebenden und offen zu sein für neue Beziehungen. Das Leben ist im ständigen Wandel und wir müssen flexibel bleiben, um uns neuen Umständen anzupassen. Diese Prozesse sind eng miteinander verbunden, beeinflussen einander und prägen unsere Lebenswege, was in diesem Kapitel verdeutlicht werden soll.

Unterwegs auf der Route des Lebens

Material

- farbige DIN-A3-Ausdrucke der dritten Ebene des LAVIA Lebensweg- und Trauermodells in der Anzahl der Teilnehmenden
- Spielzeugautos
- verschiedene Verkehrsschilder, ausgedruckt auf Papier oder aus dem Spielzeugsortiment
- ausgedruckte Verkehrszeichen zum Mitnehmen für die Teilnehmenden

Ablauf

Einstiegsritual

Der LAVIA-Gefühlswürfel geht mit der Frage „Mit welchem Gefühl und Symbol bin ich heute hier?“ von Hand zu Hand.

Oder

Die Symbole aus dem Modell liegen als Kärtchen auf dem Tisch.

- Gibt es ein Symbol, das ausdrückt, wie ich heute hier bin?
- Habe ich seit unserem letzten Treffen etwas erlebt, von dem ich kurz berichten möchte? Welches Symbol suche ich dazu aus?
- Fiel mir in letzter Zeit etwas schwerer oder leichter als in den Tagen zuvor? Welche Symbole passen dazu?

Vorbereitung und Gesprächseinstieg

Die Teilnehmenden erhalten die Farbausdrucke des LAVIA Lebensweg- und Trauermodells.

Die Gruppenleitung erklärt, dass das Modell mit der ersten Landschaftsebene, dem Labyrinthweg als zweiten Ebene, der dritten Ebene mit den farbigen Aufgabenfeldern und zusätzlich den Bildzeichen im Labyrinthweg und auf der Seitenleiste den gesamten Prozess des Lebens symbolisieren möchte.

Manchmal verweilt man vielleicht eine Zeit lang in einem Aufgabenbereich, weil man sich dort wohlfühlt oder nicht mehr hinausfindet, als würde man in einem Kreisverkehr die Ausfahrt nicht finden. Meist verlaufen Lebenswege jedoch prozesshaft: Eine Situation löst die nächste aus, ein Schritt folgt dem anderen und mit jeder weiteren Lebenserfahrung verändert man wieder seinen Standort. In dieser Übung soll vom jetzigen Standpunkt aus auf den bisherigen Weg seit dem Verlust und nach vorne in die Zukunft geblickt werden.

Es werden Verkehrsschilder als Metaphern für den Alltag genutzt.

Wichtig ist zu bedenken, dass die Interpretationen der Zeichen individuell sind.

Aktion

Auf dem Tisch sind Verkehrszeichen und Spielzeugautos verteilt. Die Teilnehmenden werden eingeladen, zu überlegen, welche Reiseroute sie in ihrer Krisenzeit schon zurückgelegt haben.

Die Teilnehmenden suchen sich ein Spielzeugauto und mehrere Verkehrsschilder aus, z. B. ein Baustellenschild für eine unbewältigte Situation, das Parkplatzschild für eine gute Auszeit usw., um diese auf dem bisherigen Lebens- und Trauerweg zu verteilen. Sie können sich dabei an den farbigen Aufgabenfeldern, den Symbolen oder bestimmten Stellen des Labyrinth-Lebensweges orientieren.

Erfahrungsgemäß kommen Kindern, Jugendlichen und Erwachsenen eigene Bilder und Beispiele durch die Verkehrszeichen in den Sinn, selbst wenn sie um die genaue Bedeutung im Straßenverkehr nicht wissen.

Die Spielzeugautos können dort platziert werden, wo die Teilnehmenden ihren derzeitigen Standort vermuten.

Impulsfragen

- Habe ich auf meinem Lebensweg seit dem Verlust einige farbige Aufgabenfelder schon mehrfach durchstreift?
- Fühle ich mich im Augenblick dem Mittelpunkt näher oder weiter entfernt?

- Welche Bedeutung der Verkehrsschilder im Straßenverkehr kann ich 1:1 auf meine Lebenssituation übertragen?
- Welche Verkehrszeichen haben bei dieser Übung für mich eine symbolische Bedeutung durch Farbe oder Form?
- Welches Verkehrsschild benötige ich, um eine angenehme Weiterfahrt zu haben?

Abschlussritual

Der LAVIA-Gefühlswürfel geht mit der Frage von Hand zu Hand:

- Mit welchem Gefühl gehe ich nach Hause?
- Welches Verkehrszeichen oder Symbol habe ich ausgewählt und nehme ich in Gedanken als Mutmacher oder Wegweiser auf meinen weiteren Weg mit?
- Was gönne ich mir noch Gutes bis zu diesem Wochenende?

Durch den Schilderwald

Material

- Farbausdrucke der dritten Ebene aus dem LAVIA Lebensweg- und Trauermodell in DIN A3 für alle Teilnehmenden
- verschiedene Verkehrsschilder, ausgedruckt auf Papier oder aus dem Spielzeugsortiment
- Impulsfragen (s.u.) auf Kärtchen geschrieben
- ausgedruckte Verkehrszeichen zum Mitnehmen für die Teilnehmenden

Ablauf

Einstiegsritual

Der LAVIA-Gefühlswürfel geht mit der Frage „Mit welchem Gefühl und Symbol bin ich heute hier?“ von Hand zu Hand.

Oder

Die Symbole aus dem Modell liegen als Kärtchen auf dem Tisch.

- Gibt es ein Symbol, das ausdrückt, wie ich heute hier bin?
- Habe ich seit unserem letzten Treffen etwas erlebt, von dem ich kurz berichten möchte? Welches Symbol suche ich dazu aus?
- Fiel mir in letzter Zeit etwas schwerer oder leichter als in den Tagen zuvor? Welche Symbole passen dazu?

Vorbereitung und Gesprächseinstieg

Alle Teilnehmenden erhalten einen Farbausdruck des LAVIA Lebensweg- und Trauermodell-Labyrinths. Die Gruppenleitung erklärt, dass das Modell mit der ersten Landschaftsebene, dem Labyrinthweg als zweiten Ebene, der dritten Ebene mit den farbigen Aufgabenfeldern und zusätzlich den Bildzeichen im Labyrinthweg und auf der Seitenleiste den gesamten Prozess des Lebens symbolisieren möchte.

Sowohl die Ebenen und die kurvigen Wege als auch die farbigen Aufgabenabschnitte sind modellhaft dargestellt und fallen im wirklichen Leben individuell aus.

Manchmal verweilt man vielleicht eine Zeit lang in einem Aufgabenbereich, weil man sich dort wohlfühlt oder wie aus einem Kreisverkehr nicht hinausfindet. Meist verlaufen Lebenswege jedoch prozesshaft: Eine Situation löst die nächste aus, ein Schritt folgt dem anderen und mit jeder weiteren Lebenserfahrung verändert man wieder seinen Standort.

Bei dieser Übung werden die Verkehrszeichen mit integrierten Fragen symbolisch genutzt.

Aktion

Die Teilnehmenden erhalten die Aufgabe, eine Fragekarte auszuwählen und sich dazu zu äußern. Im Anschluss überlegen sie, welchem Farbfeld, Labyrinthweg oder Symbol sie diese Karte und ihre Aussage zuordnen möchten.

Impulsfragen zu einzelnen Verkehrszeichen:

- **Einbahnstraße**: Hilft es mir, manchmal nur nach vorn und nicht nach rechts und links zu schauen?
- **Kreuzung**: Wann und wo kreuzen andere Menschen, auch Familienmitglieder, meinen Weg?
- **Vorfahrt**: In welchen Situationen möchte ich Vorfahrt haben?
- **Sackgasse**: Wie fühlt es sich an, wenn ich aus der Sackgasse wieder zu einer neuen Teiletappe aufbreche?
- **Geschwindigkeit aufgehoben**: Bin ich mit Vollgas unterwegs und achte dabei auf meine Tankfüllung?
- **Geschwindigkeitsbegrenzung**: Geschwindigkeitsbegrenzungen im Straßenverkehr dienen der Sicherheit. Wo benötige ich eine Erinnerung, Dinge mit Bedacht anzugehen und nichts zu überstürzen?
- **Achtung! Spielende Kinder.** Wo kann ich die Verantwortung für meine Kinder vorübergehend abgeben?
- Oder: Was spiele ich mit Freund*innen drinnen oder draußen?
- **Kurve**: Was bringt mich ins Schleudern?
- **Parkplatz**: Was brauche ich für eine gute Pause?

- **Steinschlag**: Befürchte ich Gefahren, die auf mich zukommen könnten?
- **Stoppschild**: Wo kann oder möchte ich „Stopp!" sagen? Wann halte ich bewusst inne, bevor ich weitergehe?
- **Kreisverkehr**: Was hilft mir, die richtige Ausfahrt zu finden? An welchen Stellen habe ich das Gefühl, mich im Kreis zu drehen?
- **Halten verboten**: Wo habe ich Furcht, stehen zu bleiben? Warum?
- **Vorfahrt**: Was läuft gerade richtig rund?
- **Steigung**: Wie anstrengend ist mein Wegstück gerade?
- **Gegenverkehr vorlassen**: Wo fällt es mir leicht, mich zurückzunehmen? Und wo wünsche ich mir, besser für mich eintreten zu können?

Abschlussritual

Der LAVIA-Gefühlswürfel geht mit der Frage von Hand zu Hand:
- Mit welchem Gefühl gehe ich nach Hause?
- Welches Verkehrszeichen nehme ich für eine gute Weiterfahrt mit?
- Was gönne ich mir noch Gutes bis zu diesem Wochenende?

There is a crack …

Material

Schon im Vorfeld die Teilnehmenden bitten, eine Tasse aus Keramik mitzubringen, die eine symbolische Bedeutung hat, aber zu Bruch gehen darf.

- Farbausdrucke der dritten Ebene aus dem LAVIA Lebensweg- und Trauermodell für alle Teilnehmenden
- ein Stoffbeutel
- Heißklebepistolen und Klebepatronen für alle Teilnehmenden
- Teelichte und Anzünder

Ablauf

Einstiegsritual

Der LAVIA-Gefühlswürfel geht mit der Frage „Mit welchem Gefühl und Symbol bin ich heute hier?“ von Hand zu Hand.

Oder

Die Symbole aus dem Modell liegen als Kärtchen auf dem Tisch.

- Gibt es ein Symbol, das ausdrückt, wie ich heute hier bin?
- Habe ich seit unserem letzten Treffen etwas erlebt, von dem ich kurz berichten möchte? Welches Symbol suche ich dazu aus?
- Fiel mir in letzter Zeit etwas schwerer oder leichter als in den Tagen zuvor? Welche Symbole passen dazu?

Vorbereitung und Gesprächseinstieg

Alle Teilnehmenden haben einen Farbausdruck des LAVIA Lebensweg- und Trauermodell-Labyrinths. Die Gruppenleitung erklärt, dass das Modell mit der ersten Landschaftsebene, dem Labyrinthweg als zweiten Ebene, der dritten Ebene mit den farbigen Aufgabenfeldern und den Bildzeichen im Labyrinthweg und auf der Seitenleiste das Leben in seiner Gesamtheit als Prozess symbolisieren möchte.

Sowohl die Ebenen, die kurvigen Wege als auch die farbigen Aufgabenabschnitte sind modellhaft dargestellt und zeigen sich im wirklichen Leben individuell.

Manchmal verweilt man vielleicht eine Zeit lang in einem Aufgabenbereich, weil man sich dort wohlfühlt oder nicht mehr aus einem Kreisverkehr hinausfindet. Meist verlaufen Lebenswege jedoch prozesshaft: Eine Situation löst die nächste aus, ein Schritt folgt dem anderen und mit jeder Erfahrung verändert man wieder seinen Standort.

In dieser Einheit schauen wir uns Brüche im Leben an und wie sie uns verändert haben.

Aktion

Alle Teilnehmenden erzählen, welche Bedeutung die Tasse hat, die sie mitgebracht haben. Danach wird nacheinander jede Tasse einzeln in den Stoffbeutel gelegt, oben zugebunden und auf einen harten Boden fallen gelassen, damit sie zerbricht.

Der Stoffbeutel soll verhindern, dass sich kleine Splitter rundherum verteilen.

Die Teilnehmenden betrachten ihr zerstörtes Gefäß und tauschen sich darüber aus, ob dieser Scherbenhaufen dem Verlust ähnelt, den sie erlebt haben.

Anschließend werden die Scherben zusammengesucht, um das Gefäß nach Möglichkeit wieder zusammenzusetzen.

Die Gruppenleitung kann dazu Impulsfragen stellen, die sich an den Traueraufgaben im LAVIA Lebensweg- und Trauermodell orientieren.

Impulsfragen

- Thema **Funktionieren**: Auch wenn einem bewusst ist, dass die Keramiktasse durch den Aufprall zerbricht, löst es doch meist einen Schrecken aus. Der Gegenstand, der eine Bedeutung hatte, ist entzwei und durch die Aufforderung, die Scherben zu sortieren, ist wenig Zeit, um das Geschehene zu bedauern. Kannst du dich daran erinnern, wie du anfangs trotz deines großen Verlusts einfach funktioniert hast, als sei nichts Wesentliches in die Brüche gegangen?

- Thema **Begreifen**: Spätestens in dem Moment, wenn man die Scherben betrachtet, wird einem bewusst, dass man in das Gefäß keine Flüssigkeit mehr einfüllen kann. Vielleicht begreifst du jetzt grade erst, was geschehen ist. Hast du bei deinem persönlichen Verlust direkt begriffen, was da verloren gegangen ist und welche Bedeutung der Verlust in der Zukunft haben wird?
- Thema **Gefühlsvielfalt**: „Gut, dass die Tasse zerbrochen ist, sie hat mir nie richtig gefallen oder mich an unangenehme Zeiten erinnert", freut sich vielleicht jemand. Andere trauern ihrer Tasse vielleicht überraschenderweise hinterher, werden möglicherweise wütend auf diejenigen, die die Idee für diese Aktion hatten oder haben plötzlich Schuldgefühle dem Schenkenden gegenüber. Kannst du dich an deine, vielleicht auch überraschenden, Gefühle erinnern, als du deinen großen Verlust erlebt hast?
- Thema **Akzeptieren**: Manch eine:r wird sich denken: „Warum habe ich das getan? Ich will die Tasse auch nicht zusammenkleben, das sieht doch hinterher komisch aus. Ich will, dass sie wieder ganz ist!" Und obwohl vermutlich jede:r weiß, dass die Tasse nie wieder so sein wird wie vor dem Zerbrechen, fehlt vielleicht die Motivation, sich auf eine Veränderung der Form einzulassen. Der Gedanke könnte aufkommen: „Wenn die Tasse nicht mehr so aussieht wie zuvor, dann will ich sie gar nicht haben." Kennst du diese Gedanken und die Gefühle, die durch das „Ich will das nicht!" ausgelöst werden? Oder fiel es dir nicht so schwer, dich auf den Verlust und seine Konsequenzen einzulassen? Was war erschwerend oder hilfreich in diesen Momenten?

Nach diesen Gesprächen erhalten alle eine Heißklebepistole mit einer transparenten Klebepatrone und bauen aus den Scherben ein Gefäß, das entweder dem alten ähnelt oder eine neue Form hat. Die Gruppenleitung weist darauf hin, dass dies nur möglich ist, wenn sich die Teilnehmenden auf einen Veränderungsprozess einlassen. Und auch diese Umgestaltung kann wieder ein Begreifen, Akzeptieren, Fühlen und Weiterverändern in unterschiedlicher

Reihenfolge in Gang setzen. Dies verdeutlicht den prozesshaften Verlauf des Lebens mit dem Auf und Ab der Trauer und weiteren Gefühlen und Erlebnissen, die damit einhergehen. Allen ehemaligen Trinkgefäßen wird gemeinsam sein, dass sie aufgrund des transparenten Klebestoffs gewissermaßen „Lücken" haben und es könnte die Idee aufkommen, diesen sichtbaren Makel mit deckender Farbe zu übermalen. Auch das ist natürlich möglich, jedoch sollte erst der nächste Vorschlag der Gruppenleitung abgewartet werden.

Vertiefung

Die Gruppenleitung liest ein Zitat aus dem Lied „Anthem" („Hymne") von Leonhard Cohen vor: "There is a crack, a crack in everything. That's how the light gets in. – Es gibt einen Riss, einen Riss in allem. So kommt das Licht hinein."

Die Teilnehmenden erhalten ein Teelicht, das sie in ihr Gefäß stellen und anzünden. Es wird wie eine Laterne, ein Windlicht, leuchten. Im Anschluss kann ein Gespräch mit einem oder mehreren der folgenden Impulse zum Thema *Veränderung* entstehen:

- Die Dunkelheit ist noch da. Aber durch einen Riss kommt Licht herein. Kann es ein guter Gedanke sein, dass eines Tages die eigenen Herz-Risse und Bruchstellen ähnlich dem Keramikgefäß Licht und Liebe durchscheinen lassen, weil man durch die Verletzung und Auseinandersetzung damit berührbarer, vielleicht gefühlvoller geworden ist? Oder ist das eher ein provokanter Gedanke?
- Wenn es eine Lücke gibt, durch die das Licht einfallen kann, wie Leonard Cohen es beschreibt, dann gibt es auch die Möglichkeit, dass man etwas ausstrahlen und weitergeben kann. Wie erlebst du das?
- Buddha sagt: „Tausende von Kerzen kann man am Licht einer Kerze anzünden ohne dass ihr Licht schwächer wird. Freude nimmt nicht ab, wenn sie geteilt wird." Wenn der Mensch, den du vermisst, dir im Leben ein Licht der Liebe gegeben hat, dann kommt vielleicht eines Tages die Zeit, in der du anderen Menschen dein Licht weitergeben kannst, ohne Sorge zu haben, dass es in dir erlischt. Wie fühlt sich der Gedanke für dich an?

Abschlussgedanke

Mit dem Zerschlagen und Zusammenbauen des Gefäßes hat sich jede:r freiwillig auf ein Experiment eingelassen, von dem nicht unbedingt abzusehen war, dass es zufriedenstellend endet.

Der Physiker und Schriftsteller Georg Christoph Lichtenberg sagte einmal: „Ich kann freilich nicht sagen, ob es besser wird, wenn es anders wird; aber so viel kann ich sagen, es muss anders werden, wenn es gut werden soll."

Keramikgefäße sind natürlich eine materielle Kleinigkeit im Gegensatz zum echten L(i)eben. In schwierigen Zeiten, wenn scheinbar vieles zusammenbricht, dürfen wir uns daran erinnern, dass das Leben manchmal wie dieser Scherbenhaufen vor einem liegt und erst nach einer Weile des Sortierens und Flickens eine neue Form bekommt. Die Tasse ist zum Trinken nicht mehr zu benutzen. Dennoch ist sie etwas Besonderes, weil darin eine Geschichte und damit eine Verbindung zu dem steckt, was man verloren hat. Ein Beziehungsort mit Leuchtkraft.

Abschlussritual

Der LAVIA-Gefühlswürfel geht mit der Frage von Hand zu Hand:

- Mit welchem Gefühl gehe ich nach Hause?
- Wo werde ich meine neue Laterne platzieren?
- Was gönne ich mir noch Gutes bis zu diesem Wochenende?

Lebensweg-Quiz

Material

- Farbausdrucke der dritten Ebene aus dem LAVIA Lebensweg- und Trauermodell für alle Teilnehmenden
- Begriffskärtchen, auf farbigen Papier ausgedruckt, den Aufgaben im Modell entsprechend.
- Stoppuhr
- Farbwürfel

Ablauf

Einstiegsritual

Der LAVIA-Gefühlswürfel geht mit der Frage „Mit welchem Gefühl und Symbol bin ich heute hier?" von Hand zu Hand.

Oder

Die Symbole aus dem Modell liegen als Kärtchen auf dem Tisch.

- Gibt es ein Symbol, das ausdrückt, wie ich heute hier bin?
- Habe ich seit unserem letzten Treffen etwas erlebt, von dem ich kurz berichten möchte? Welches Symbol suche ich dazu aus?
- Fiel mir in letzter Zeit etwas schwerer oder leichter als in den Tagen zuvor? Welche Symbole passen dazu?

Vorbereitung und Gesprächseinstieg

In Teams aus zwei bis vier Personen erraten die Mitspielenden Begriffe oder Situationen, die mit dem LAVIA Lebensweg- und Trauermodell zu tun haben.

Aktion

In der Mitte des Tischs liegen die ausgedruckten Begriffskärtchen in sechs nach Farben sortierten Stapeln.

Spielablauf:

1. Ein Team beginnt, indem ein:e Spieler:in mit dem Farbwürfel würfelt und eine farblich passende Karte zieht. Der Timer wird gestartet, z.B. auf 90 Sekunden.
2. Der:die Spieler:in muss dem eigenen Team den Begriff erklären oder alternativ pantomimisch darstellen oder zeichnen.
   Pantomime: Man darf keine Geräusche machen, nicht auf Gegenstände zeigen oder diese zur Darstellung verwenden.
   Zeichnen: Man darf nicht sprechen oder auf Gegenstände oder Personen deuten.
   Beschreiben: Man muss den gesuchten Begriff umschreiben. Es dürfen keine Wort-Teile des gesuchten Begriffs in der Beschreibung vorkommen.
3. Errät das eigene Team den Begriff, erhält es einen Punkt. Findet das eigene Team den gesuchten Begriff nicht, dürfen danach die anderen Teams eine Minute lang weiterraten, ohne dass weitergespielt, erklärt oder gemalt wird. Das Team, das den Begriff errät, erhält den Punkt.

Die Gruppenleitung kann zwischendurch anregen zu überlegen, warum der Ratebegriff einem bestimmten Aufgabenbereich aus dem LAVIA Lebensweg- und Trauermodell zugeordnet wurde. Dadurch können kurze Gespräche entstehen, die sich mit dem Themenbereich beschäftigen. Der Spielcharakter soll dabei jedoch nicht verloren gehen.

Spielende:

Das Spiel ist zu Ende, wenn ein Team die davor vereinbarte Punktzahl erreicht hat, oder nach der vorher bestimmten Zeit (gewonnen hat dann das Team, das am meisten Punkte hat).

Abschlussritual

Der LAVIA-Gefühlswürfel geht mit der Frage von Hand zu Hand:

- Mit welchem Gefühl gehe ich nach Hause und was war ein besonderer Ratebegriff für mich?

Hey Jude – Trauer nach einer Scheidung

Material

- das Lied „Hey Jude“ und eine Lautsprecherbox
- der Liedtext im Original (im Internet leicht zu finden) und in deutscher Übersetzung (siehe unten)

Ablauf

Einstiegsritual

Der LAVIA-Gefühlswürfel geht mit der Frage „Mit welchem Gefühl und Symbol bin ich heute hier?“ von Hand zu Hand.

Oder

Die Symbole aus dem Modell liegen als Kärtchen auf dem Tisch.

- Gibt es ein Symbol, das ausdrückt, wie ich heute hier bin?
- Habe ich seit unserem letzten Treffen etwas erlebt, von dem ich kurz berichten möchte? Welches Symbol suche ich dazu aus?
- Fiel mir in letzter Zeit etwas schwerer oder leichter als in den Tagen zuvor? Welche Symbole passen dazu?

Vorbereitung und Gesprächseinstieg

Trauer wird durch den Verlust von etwas Liebenswertem ausgelöst – das muss nicht immer der Tod eines Lebewesens sein. Verluste sind vielfältig: Trennung, Erkrankung, Insolvenz, Kontaktabbrüche, unerfüllter Kinderwunsch, Heimatentwurzelung, Trauer nach Flucht, Pflegebedürftigkeit der alten Eltern, Trauer um große soziale Unterschiede usw.

All diese Traurigkeiten werden vom sozialen Umfeld oft nicht wahrgenommen, es gibt kaum Trostrituale für Verlustsituationen, die nicht mit Todesfällen verbunden sind. Doch Trauer unterscheidet nicht, um welchen persönlichen Verlust es geht. Sie ist da, wenn es einen Anlass gibt.

Musik kann dabei helfen, sich verstanden zu fühlen und die eigenen Emotionen besser zu verarbeiten. Liedtexte können Trost spenden und das Gefühl vermitteln, in der Trauer nicht alleine zu sein. Denn sie zeigen, dass andere Menschen ähnliche Erfahrungen gemacht haben und dass es möglich ist, durch schwierige Zeiten hindurchzugehen. Sie können dazu anregen, sich mit Trauer und Verlust zu beschäftigen, und helfen so dabei, sich selbst besser zu verstehen.

Der Beatles-Song „Hey Jude" wurde von Paul McCartney in einer Scheidungssituation geschrieben. Im Juni 1968 trennte sich John Lennon von seiner Frau Cynthia. Paul McCartney wollte dem Sohn seines Bandkollegen in einem Lied Verständnis für die Scheidungstrauer und Zuversicht für das weitere Leben zusprechen und schrieb deshalb für Julian Lennon „Hey Jude". Paul McCartney spielte das Lied auch nach Lennons Ermordung im Jahr 1980. Es ist ein optimistisches Lied, das zu vielen Lebens- und Verlustsituationen passt.

Aktion

Die Teilnehmenden haben den Originaltext und die deutsche Übersetzung vor sich liegen. Die Übersetzung wird vorgelesen und danach der Originalsong gehört.

Ich habe versucht, das Lied sinngemäß zu übersetzen:

> Hey Jude, mach es nicht schlimmer.
> Höre ein trauriges Lied und versuche,
> mit dieser schwierigen Situation klarzukommen.
> Denke daran, Liebe/Gutes in dein Herz zu lassen,
> dann kannst du etwas zum Besseren verändern.
>
> Hey Jude, hab keine Angst. Du musst rausgehen und leben.
> In dem Moment, in dem du dich berühren lässt,
> beginnst du mit deiner Veränderung.
> Und wann immer du den Schmerz spürst, hey Jude, lass es zu.
>
> Aber trage nicht die ganze Welt auf deinen Schultern,
> du weißt doch, dass es Narren sind,

die in jeder Situation, (auch in der traurigen),
cool bleiben und dadurch die Welt noch etwas kälter machen.

Hey Jude, lass mich nicht im Stich.
Liebe ist nichts, wovor man Angst haben muss.
Denke daran, sie in dein Herz zu lassen,
dann kannst du etwas zum Besseren verändern.
Also lass Trauer raus und lass Freude/Leben rein,
hey Jude, fang an.

Du wartest auf jemanden,
der es dir abnimmt, der es für dich macht.
Aber falls du es vergessen hast,
du bist es, Jude, der das tun kann.
Die Veränderung liegt in deiner Hand.

Hey Jude, mach es nicht schlimmer.
Höre ein trauriges Lied und dann lass es besser werden.
Denke daran, zu fühlen, lass dich berühren,
dann wirst du es verbessern.

Impulsfragen

- Gibt es Passagen im Liedtext, die mich besonders ansprechen oder berühren?
- Welche Gedanken und Bilder entstehen in meinem Kopf, wenn ich den deutschen Text höre? Erkenne ich mich darin wieder?
- Habe ich es schon einmal erlebt, dass in mir ein Freiraum für neue Gefühle und Aktivitäten entstanden ist, nachdem ich Schmerz und Traurigkeit zu- und damit auch rausgelassen hab?
- Wo erkenne ich Aufgaben aus dem Lebensweg- und Trauermodell wieder?
- Welche Parallelen gibt es zwischen der Aufforderung „rauszugehen und zu leben“ und dem Veränderungsprozess im Lebensweg- und Trauermodell?
- Gibt es Menschen, die mich daran erinnern, mich ermutigen oder gar geschubst haben, dass ich es bin, der oder die etwas „tun“ muss, um die eigene Situation zu verändern?

- Im Lied heißt es: „Hey Jude, lass mich nicht im Stich …“. Gibt es Menschen, die darauf vertrauen, dass du wieder neuen Mut fasst und sie „nicht im Stich“ lässt? Setzt dich diese Erwartung unter Druck oder macht sie dir Mut?

Abschlussritual

Der LAVIA-Gefühlswürfel geht mit der Frage von Hand zu Hand:

- Mit welchem Gefühl gehe ich nach Hause und gibt es für mich persönlich ein Lied, das mir gute Laune bereitet?

Steine auf dem Lebensweg

Material

- DIN-A2-Ausdruck der dritten Ebene aus dem LAVIA Lebensweg- und Trauermodell oder die Bodenplane des Modells (erhältlich über die Homepage)
- Steine in verschiedenen Größen und Formen
- Tulpenzwiebeln, alternativ Leuchtsteine
- Begriffskarten in mehrfacher Ausführung (Kopiervorlage siehe Website)

Ablauf

Einstiegsritual

Der LAVIA-Gefühlsstein geht mit der Frage „Mit welchem Gefühl und Symbol bin ich heute hier?“ von Hand zu Hand.

Oder

Die Symbole aus dem Modell liegen als Kärtchen auf dem Tisch.

- Gibt es ein Symbol, das ausdrückt, wie ich heute hier bin?
- Habe ich seit unserem letzten Treffen etwas erlebt, von dem ich kurz berichten möchte? Welches Symbol suche ich dazu aus?
- Fiel mir in letzter Zeit etwas schwerer oder leichter als in den Tagen zuvor? Welche Symbole passen dazu?

Vorbereitung und Gesprächseinstieg

Neben dem LAVIA Lebensweg- und Trauermodell stehen Körbe mit Steinen in unterschiedlichen Farben und Formen.

Die Gruppenleitung erwähnt, dass uns im Leben die unterschiedlichsten Steine begegnen: Stolpersteine, der Fels in der Brandung, Trittsteine und viele mehr. Sie führt die Begriffskarten mit den verschiedenen Stichworten und Assoziationen zu Steinen ein (Stolperstein, Trittstein, Stein im Brett, Steine aus dem Weg räumen, Herz aus Stein, Fels in der Brandung usw.). Sie sollen anregen, Steine passend zum eigenen Lebensweg auszuwählen.

Aktion

Die Teilnehmenden wählen Steine aus den Körben aus und platzieren sie an einer für sie passenden Stelle im LAVIA Lebensweg- und Trauermodell. Die Bedeutung der Steine kann dabei ganz unterschiedlich sein: von belastend bis hin zum festen Halt unter den Füßen.

Danach findet ein Austausch statt, in dem Auswahl und Platzierung der Steine, auch im Hinblick auf die Aufgaben, Symbole oder Wege im Modell benannt werden.

Einige Impulsfragen können helfen, ins Tun und anschließend ins Gespräch zu kommen.

Impulsfragen

- Welche Bedeutung hat der Begriff „Stolperstein" für dich in Krisenzeiten? Konntest du schon Hindernisse überwinden?
- Hast du „Trittsteine" erlebt, die dir in einer schwierigen Zeit gedient haben?
- Hat jemand bei dir einen Stein im Brett und wie kam es dazu?
- Welche Bedeutung könnte die Metapher „Herz aus Stein" haben und wie kann man Empathie in Krisenzeiten bewahren?
- Gibt es Steine ähnlich wie Granit, die ein Symbol für deine Stärke sind?
- Gibt es Steine wie Diamanten, die für glänzende Höhepunkte und Erfolge in deinem Leben stehen, die dich strahlen lassen?
- Der Amethyst ist außen unscheinbar und enthält im Inneren Kristalle. Entwickeln sich in der Trauerzeit, die Menschen auch oft unscheinbar wirken lässt, manchmal innere Fähigkeiten, Stärken und eine neue Schönheit?
- Bedeutet eine Mauer zu bauen für dich eher Schutz oder Distanz?
- Was verbindest du mit dem Begriff „Grundstein"? Kann er als Basis für Neues dienen?
- Was sagt die Redewendung „steter Tropfen höhlt den Stein" über den Einfluss von Ausdauer in Krisenzeiten für dich aus?

- Was könnte es bedeuten, „den Stein ins Rollen zu bringen" und zu welcher Veränderung sollte das etwas beitragen?

Im Anschluss daran stellt die Gruppenleitung einen Korb mit Tulpenzwiebeln in die Mitte. Sie lädt ein, darüber nachzudenken, an welchen Stellen des Lebensweges Blumen als Sinnbild für Lebensfreude durch andere geschenkt oder selbst gepflanzt wurden. Auch darüber tauschen die Teilnehmenden sich aus. Selbstverständlich bleibt es allen selbst überlassen, auszuwählen, über welche persönlichen Stein- oder Blumenmomente sie sprechen wollen.

Abschließend werden die Steine wieder zurück in die Körbe gelegt. Die Blumenzwiebeln dürfen mitgenommen und als Dank an Unterstützer:innen im Leben verschenkt oder selbst eingepflanzt werden.

Abschlussritual

Der LAVIA-Gefühlswürfel geht mit der Frage von Hand zu Hand:

- Mit welchem Gefühl gehe ich nach Hause und wo gebe ich eine der Tulpenzwiebeln hin?

Dank

Ich bedanke mich herzlich bei allen, die zum Entstehen dieses Buchs beigetragen haben. Insbesondere bei:

- Andrea Langenbacher, die mich als Lektorin wie schon so oft mit ihrem Wissen und ihren Impulsen so wertvoll unterstützt. Ihr gilt mein besonderer Dank (www.andrealangenbacher.de).
- Valentin Hilß für die tollen Knetfiguren und den Jammerlappen. Danke, Valentin, dass du damit hilfst, dass die Idee noch besser verstanden wird.
- Marlene Fritsch für ergänzendes Lektorat, auch bei neuen Projekten (www.marlene-fritsch.de).
- Anke Keil, mit der ich als Autorin- und Trauerbegleitungs-Kollegin immer wieder im kollegialen Austausch stehe und deren kreative Denkanstöße ich sehr schätze.
- Beate Seemann, mit der ich immer wieder neue kreative Ideen entwickle, um Familien die Wirklichkeit in Trauerzeiten verständlicher und erträglicher zu machen (www.beate-seemann-leerzeile.com).
- Stefan Wiesner für die Idee, dem LAVIA Lebensweg- und Trauermodell ein neues Gesicht zu geben.
- Marianne Nolde für den Austausch zu Scheidungstrauer (www.mariannenolde.de).
- Alexandra Eyrich von „ZwischenGeZeiten Bamberg" für den kollegialen Austausch und unsere Entwicklung des „Gütesiegels Familientrauerbegleitung" für qualifizierte Lehrgänge (www.trauer-alexandraeyrich.de).
- Doris Gilgenreiner für die pädagogische Beratung (www.dorisgilgenreiner.de).
- Andrea Darwiche, die mir „Dreas Huus" in Harlesiel zum Schreiben dieses Buches zur Verfügung gestellt hat (www.dreas-huus.de).

- Universitäten und weiteren Bildungseinrichtungen für die Einbeziehung des LAVIA Lebensweg- und Trauermodells in ihren Lehrplan.

Folgende Kolleginnen haben mit Impulsen zu einigen Themen beigetragen:
- Diana Bernada (Trauerhut)
- Viktoria Brem (Rettungsweste)
- Hanna Buitig (Schreibimpuls)
- Erika Gösnitzer (ätherische Öle)
- Susanne Haslinger (Trauerquiz)
- Anke Keil (Elfchen)
- Barbara Nepp (Afformationen), www.endlichsein.at.
- Barbara Pachl-Eberhart (Text „Warum"), www.mein-lieblingsleben.at.

Mein ganz besonderer Dank gilt meinem Mann Meinrad, der die Idee und Arbeit von LAVIA tagtäglich unterstützt und mit mir gemeinsam die Höhen und Tiefen des Lebens mit Zuversicht, guten Gesprächen und einer Prise Humor gestaltet.

Ich danke meinem LAVIA-Team, in dem ich mit vielen Männern und Frauen schon seit vielen Jahren im Ruhrgebiet und länderübergreifend aktiv und referierend zusammenarbeite. Danke an Birgit Rutz von www.hopesangel.com, stellvertretend für alle kollegialen Familien-Trauerbegleiter:innen, und an Martina Schafmeyer, stellvertretend für alle Kursteilnehmer:innen. Durch unser aller Tun ist Familientrauerbegleitung und das LAVIA Lebensweg- und Trauermodell in der Welt lebendig.

Dankbar bin ich ebenso allen UnterstützerInnen der gemeinnützigen LAVIA gGmbH. Ohne eure Spenden wäre es uns nicht möglich, so vielen Kindern, Jugendlichen, Familien und alleinstehenden jungen Erwachsenen in Trauersituationen durch qualifizierte pädagogische Familientrauerbegleiter:innen und auch materielle Unterstützung zu helfen.

Hier erfahren Sie, wie Sie unsere Arbeit mit Ihrer Spende unterstützen können:

Es braucht Familientrauerbegleitung überall da, wo Menschen mit Menschen zusammenarbeiten. Bei Interesse an einer Weiterbildung mit dem „Gütesiegel Familientrauerbegleitung“ erkundigen Sie sich auf der Homepage www.familientrauerbegleitung.de unter dem Punkt „Termine-Lehrgänge“.

Über die Autorin

Mechthild Schroeter-Rupieper, Jahrgang 1964, lebt mit ihrem Mann und ihren drei erwachsenen Söhnen, deren Partnerinnen und Enkelkind in Gelsenkirchen. Als Begründerin der Familientrauerarbeit in Deutschland, in Österreich und der Schweiz ist sie im Ruhrgebiet in trauernden Familien und außerdem europaweit als Fortbildungsreferentin und Speakerin tätig. In Vorträgen, Seminaren und Büchern zeigt die seit 1992 erfahrene Familientrauerbegleiterin praxiserprobte Hilfestellungen im Fall von (akuten) Trauer- und Trennungssituationen auf. Als Host des Podcasts „Todesmutig" teilt sie mit ihrem Kollegen Benni Bauerdick wertvolle Einblicke und Tipps für Menschen jeder Altersgruppe. Sie hat maßgeblich dazu beigetragen, diese Form der Trauerarbeit zu etablieren und weiterzuentwickeln.

Familientrauerbegleitung definiere ich folgendermaßen:

Familientrauerbegleitung unterscheidet sich von herkömmlicher Trauerarbeit für Kinder oder Erwachsene durch ihren spezifischen Fokus auf die Dynamiken und Bedürfnisse von Familien als Ganzes.

1. Ganzheitlicher Ansatz:
Familientrauerbegleitung betrachtet die Trauer im Kontext der gesamten Familie. Sie berücksichtigt, dass jedes Familienmitglied individuell trauert und wie die Trauer der einzelnen Mitglieder die gesamte Familiendynamik beeinflusst. Sie hat das Ziel, durch Wissensvermittlung und gemeinsame Erlebnisse trauernde Familien darin zu unterstützen, sich als stärkende Gemeinschaft zu erleben.

2. Intergenerationale Unterstützung:
Familientrauerbegleitung unterstützt Familienmitglieder aller Altersgruppen, von Kindern bis zu Großeltern, wenn diese in Krisenzeiten in notwendiger Beziehung zueinanderstehen. Sie zielt darauf ab, generationsübergreifende Kommunikationswege zu schaffen und zu stärken. Die Vermittlung von einem entwicklungspsychologisch fundierten Trennungsverständnis und Orientierung am Wissen um Trauerreaktionen bietet Bewältigungsstrategien, die für alle Familienmitglieder hilfreich sind. Das benötigt pädagogisches Geschick der Familientrauerbegleiter:innen.

3. Fokus auf Kommunikation:
Familientrauerbegleitung fördert den offenen Austausch über Verlust und Trauer innerhalb der Familie. Sie hilft durch kreative Methoden dabei, Gespräche über Gefühle und Erfahrungen im Familiensystem zu erleichtern, um Missverständnisse zu vermeiden. Zudem bezieht Familientrauerbegleitung das soziale Netzwerk insbesondere von Kindern und Jugendlichen mit ein, um Verständnis für Krisenbewältigung im Außen zu fördern.

4. Rituale, gemeinschaftliche Aktivitäten und Arbeit mit stärkenden Erinnerungen:
Familientrauerbegleitung fördert gemeinsame Rituale, die speziell auf die Bedürfnisse der Familie zugeschnitten sind. Sie können helfen, den Verlust als Familie zu verarbeiten und eine neue Art der Verbundenheit zu entwickeln, um Sicherheit und Hoffnung zu schöpfen.

5. Integrativ:
Familientrauerbegleitung hat individuelle wie kollektive Bedürfnisse im Blick und versucht, zu vermitteln. Sie ist darum einerseits spezifisch und auf den Einzelnen fokussiert, andererseits darauf ausgerichtet, die individuellen Bedürfnisse mit den kollektiven Anforderungen der Familie ins Gespräch zu bringen. Darum eröffnet sie verschiedene Zugänge, die im Gespräch gemeinsam an die jeweilige Familie und die Bedarfe der einzelnen Mitglieder angepasst werden: Einzelgespräche, Beratung in der Familie, Unterstützung von trauernden Kindern in ihrer Lebenswelt Kindergarten/Schule, alters- und verlustspezifische Trauergruppen.

6. Stärkung der Resilienz:
Familientrauerbegleitung knüpft an den vorhandenen Stärken und Ressourcen der Familien an. Das ermutigt die gesamte Familie, ihrer Fähigkeit vertrauen zu lernen, mit Trauer umzugehen und zu wachsen. Die wichtigen Resilienzfaktoren Selbstwirksamkeit, Verbundenheit und Orientierung werden durch verschiedene Austauschformate gefördert. Der Austausch mit anderen betroffenen Familien wird bei Bedarf unterstützt.

7. Kontinuität:
Familientrauerbegleitung stärkt Familien in Trauerzeiten, wenn sie über einen längeren Zeitraum hinweg durch pädagogisch geschulte, empathische und qualifizierte Begleitung Unterstützung und Hilfe zur Selbsthilfe erhalten.

Textnachweis

S. 101, »Liebes Warum« ist entommen aus: Barbara Pachl-Eberhart, Warum gerade du? Persönliche Antworten auf die großen Fragen der Trauer